为了人与书的相遇

圈外编辑

[日]都筑响一　著
黄鸿砚　译

广西师范大学出版社
·桂林·

KENGAI HENSHUSHA by Kyoichi Tsuzuki
Photographs by Yukiko Tanaka and Kyoichi Tsuzuki

Original Japanese edition published by Asahi Press Inc.

This Simplified Chinese language edition is published by arrangement with
Asahi Press Inc., Tokyo in care of Tuttle-Mori Agency, Inc., Tokyo

『圏外編輯者』© 都築響一 朝日出版社刊 2015
写真：田中由起子
　　　都築響一（13，47頁）

著作权合同登记图字：20-2020-167

图书在版编目(CIP)数据

圈外编辑 / (日) 都筑响一著；黄鸿砚译.
-- 桂林: 广西师范大学出版社, 2021.1

ISBN 978-7-5598-3479-9

Ⅰ. ①圈… Ⅱ. ①都… ②黄… Ⅲ. ①编辑工作
Ⅳ. ①G232

中国版本图书馆CIP数据核字(2020)第264490号

广西师范大学出版社出版发行

广西桂林市五里店路 9 号　邮政编码：541004
网址：www.bbtpress.com

出 版 人：黄轩庄
责任编辑：马步匀
特约编辑：周　玲
装帧设计：张　卉
内文制作：陈基胜
全国新华书店经销
发行热线：010-64284815
山东韵杰文化科技有限公司

开本：787mm × 1092mm　1/32
印张：8　字数：120千字
2021年1月第1版　2021年1月第1次印刷
定价：69.00元

如发现印装质量问题，影响阅读，请与出版社发行部门联系调换。

目 录

前　言

我进入编辑这一行真的是偶然。

我 20 岁左右那阵子，刚创刊的 *POPEYE* 刊出了美国滑板的报道。于是和朋友一起玩滑板的我寄了一封明信片过去，大意是问："那滑板在哪里能买到呢？"这开启了我和编辑部的往来。到了暑假，我问："有没有什么好的打工机会？"对方答："不然来我们这里打工如何？"于是我就开始进出编辑部了，过程非常随兴。不知不觉间，打工成了我的本业，学校也不怎么去了。回过神来时我已成为所谓的自由接案编辑，一做 40 年。

这 40 年来，我从来不曾"就职"，也没有领过月薪。说到底，我最开始不过是在编辑部趁乱接到撰稿机会的打工小弟罢了。没有请专业摄影师拍照的预算，于是自费购买相机开始摄影，没有受过任何训练。文稿的写法、采访的方法、照片的拍法，通通没学过，只是有样学样罢了。因此我不知道自己的工作方法有无独创性，只确定是自学而来的。

像我这样的人，当然教不了别人什么事。我自己也没向谁学过什么。

如果期待我通过这本书传授具体的“编辑术”，只会希望落空。世上有许多“编辑讲座”之类的活动，有人在那里捞钱，有人在那里撒钱。全都是白忙一场，因为编辑没有“术”可言。

先前接到过几次出书的提案，但很遗憾，我全都回绝了。不是因为我想隐瞒自己的工作诀窍（know-how），只是因为诀窍根本不存在。而这次以此形式出书则有两个原因，一是责任编辑以令人诧异的执着打败了我，连“我来听写整理也没关系！”都说出口了，二是我看到现在的杂志，也就是现在编辑的低劣程度，实在痛苦得不行。

我始终以自由接案的形式工作，其他编辑都不是我的同道中人，而是我的对手。因此我认识的编辑虽多，也没有人称得上是我真正的挚友。

对手垮台也许对自己比较好。但是面对以下现实，我高兴不起来：现在没有一本杂志能让我每周、每月期待它的发售日，能让我等不及想读它。

如各位所知，出版业已进入寒冬，完全听不到春天的脚步声。在这当中，杂志的种类减少、发行量减少、页数减少，增加的只有广告。业界人士把这种状况归咎于各种事物：年轻人不读书害的，手机费太高害的，以销售部意见为优先害的，公司利益至上主义害的。这就像铁卷门商店街[1]经营惨淡却拿永旺梦乐城当借口，小镇上的二手书店不景气却拿BOOKOFF[2]说事。不过说穿了，问题还是出在编辑身上。米克·贾格尔在1968年唱出“杀死肯尼迪的是你我”，而将近半个世纪后，杀死出版的正是它的创造者——我们这些编辑。

因为时代如此、因为经济不景气、因为上司这样搞——要放这些话都很简单。然而，22岁的宫武外骨在比现在还严苛的时代曾被判三年囚禁无缓刑，因笔祸共入狱4次、罚款15次、中止发行或禁止发行14次，但他还是做出了

1 经营惨淡、少有店家拉起铁卷门营业的商店街。（本书脚注如非另作说明，均为译者注）

2 日本最大的二手书连锁店。

畅销杂志。还有人从几十年前开始每晚站到新宿站西口附近的固定地点，向路人行礼，说“请买我的诗集”，甚至有人用风俗业赚来的钱自费出版作品。领高薪的出版人也许会不屑一顾吧，但身为一个人，到底是出卖身体丢脸，还是出卖心灵丢脸呢？

出版这个媒介已经走上末路了吗？我不认为。走上末路的是出版业界。

这本书无助于“打造大卖的策划”，也不提供“顺利采访的诀窍”，更不传授“进入有名出版社的方法”，这本书完全帮不到有以上需求的人。我只是希望，将宝贵人生中的一段时期浪费在“大众传媒就职活动”上的学生们能了解 2015 年日本的现实：像我这种越拼命就离业界越遥远的人（2015 年此刻，我的连载专栏只有两个，一个在月刊上，一个在季刊上，就是这么凄惨），如果去做赌上人生也在所不惜的书，反而只会遭到业界放逐。另外，我也希望能给说上司坏话又拿公司经费喝酒的现任编辑指出一条出路。

明年我就 60 岁了。[1] 如果我年轻时就在出版社工作，

1　作者生于 1956 年，此文写作时间为 2015 年。——责编注

也许现在有机会担任要职。但现实是，我打电话提采访邀请还是动不动就被拒绝，访问年纪比自己的孩子还小的年轻创作者还得用敬语说话，去远方采访要为交通费伤脑筋。这样的生活每天都持续着。不仅跟刚成为编辑的40年前没两样，劳累程度还确实在增加，体力不断下降，收入不断减少。

但不要紧。比起每月的薪水入账，每天的内心悸动才是更重要的。而当编辑的微薄幸福在于，很少有工作光靠好奇心、体力、为人就能带来成果，而毕业学校、经历、头衔、年龄、收入完全无关紧要。

问题 1

做一本书要从何开始？

不知道才办得到

采访，做书。一开始到底该从哪里下手呢？……大家都会这样想吧。（笑）先想出整体架构和概念？写策划案给上司或作家？“编辑指南”之类的书大概会那样写吧。我没读过，所以不知道。

不过我做书从来不会在事前计划，也几乎没写过策划案。如果觉得某人某事很有趣，就会从采访开始。做书前决定好书的内容，就像跟团旅行一样，只不过是进行事先决定的行程罢了。也许会有成就感，但你得到的东西、感受到的趣味，之后都留不住。

再说，能够三两下订好计划就代表你有别人已经查好的信息。既然别人查好的信息已经有了，你推出的策划当然就不新颖了。对我而言，上网搜寻时跳出很多相关资料就等于“输了”。

再打个比方。假如要去任何人都没去过的地方，我当然订不了计划，也无法预见那里的状况。我会不安，也可能会碰上意外。正因如此，我才能看到前所未见的事物，我踏上的才是不效仿任何人的旅程。

我想看看还没有被其他人发现的新事物，我会朝着它们一头扎下去。

有手指就能做书

做书重要的不是技术，唯一关键的只有“想要做一本书的强烈念头”。

我在 20 世纪 90 年代初期去过德国法兰克福书展，它号称是世界上最大规模的书展。世界各地的出版社和经销商聚集于此，每年也会举办特定主题的展览。我去的那年苏联才刚解体不久，因此主办单位搜罗、展示了高压统治时期秘密流通的地下出版物，也就是所谓的“萨密兹达”。

地下出版物们也有地位高低。展场内最好的位置几乎都被反体制政治杂志或现代文学禁书占据，而最角落柱子的暗处有个气质跟周遭截然不同、穿脏兮兮皮夹克的胖俄罗斯人摆出他的自制书，看起来似乎很闲。

他带了许多摇滚乐相关的地下刊物。其中一本的手工感实在很强，看起来很有意思。我问他多少钱，他却说“限定五本，所以不卖”。印象中那本书叫《莫斯科滚石乐队歌迷俱乐部会报》。我心想，限定什么啊，也太不摇滚了。但事情并没有那么简单。

在当年的俄国，别说操作印刷机和电脑了，连用复印机印一张纸似乎都得取得上司许可才行，当然不可能任意发行自费出版物。于是呢，那家伙就把纸放进手动打字机内，再放复写纸，再放纸……就这样叠了几层，然后开始撰稿。只要用手指使劲按，一次最多可以制作五本，勉强过得去。听他若无其事地说明，我不知道该怎么回话才好。

最后我放弃了那本书，改买他愿意出手的展品。后者不过是翻拍打字机原稿（仍是靠打字机），再打印出来，然后用订书机订起来的刊物，当然不像正经印刷物那么好读，但只要有心还是读得了。

自己无论如何都想阅读的书，根本不存在于世上。话虽如此，自己也没有能力或财力去说服别人制作那本书。念头倒是比任何人都还要强烈。如此强大的意志力化为打字的力道，催生了《莫斯科滚石乐队歌迷俱乐部会报》。当时走在潮流尖端的设计师老爱七嘴八舌地说什么“苹果排版软件的排字功能如何如何”“果然还是活版印刷好”之类，但遇到这位从莫斯科背着脏兮兮的杂志到德国来的老兄后，我便铁了心：宁愿嘴巴烂掉也不要说那么奢侈的玩笑话。

独立自费出版、做 zine[1] 拿到书展或 Comic Market[2] 售卖的人当中，应该有像莫斯科来的皮夹克老兄那样不擅长与他人沟通的吧。我至今采访了许多人，就经验而言，做得出很棒的书的人往往都很朴素、少话，喜欢一个人埋头苦干。他们的沟通方式不是靠嘴说明，而是做出东西展示给大家看。

“编辑”基本上是很孤独的作业，编书、编杂志都一样，

1　由业余爱好者而非专业人员编写的杂志。

2　世界上规模最大的同人志售卖会，目前一年举办两次，会场为东京国际展示场。

莫斯科的手工装订摇滚杂志

完全没差别。杂志规模越大，参与制作的人数越多，但最终判断还是应交由总编一人去做，杂志才会产生个性。反过来，如果感觉不到总编的招牌风格，杂志不会有趣。

如今在非都会地区经常看到有平假名标题的走暖心路线的杂志。我觉得它们都很拼，但内容有趣的却意外的少，全都是“古早味面包店”或“艺术又环保的咖啡店”之类的报道。（笑）可能因为是许多人边商量边做出来的，像成员间感情很好的俱乐部那样。

一个人，意即没有商量的对象，就不会动摇妥协。对“无论如何都想去做”的念头而言，“伙伴”可以是助力，但有时也可能成为障碍。

我也经常陷入迷惘，不知该如何是好。经验再丰富的人都不可能免除这种心境。每当这时，我就会想起那位莫斯科老兄。起码别做出没脸见他的决定啊，做不得。

白费功夫的编辑会议

我编辑之路的起点，是平凡出版（Magazine House 前身）发行的杂志 *POPEYE* 的兼职打杂人员。

当时（说是当时，那也是将近 40 年前的事情了）正逢第一波或第二波滑板风潮，我和大学朋友也在玩滑板。我为了滑板的事寄明信片给编辑部，结果那成为我日后进去打工的契机，就这么单纯。我完全不曾把“成为编辑”当作目标。

因此我一开始只是一个跑腿小弟。在那个年代，稿子完全手写，连传真都还没普及，更别说网络了，我负责的工作便是去作者那里取稿，帮忙倒茶，或寄送印好的杂志之类。当时 *POPEYE* 有许多资讯是从美国杂志获得的。工作一阵子后，上头得知我是英语系的，开始托我翻译杂

POPEYE 创刊号
（Magazine House，1976 年 6 月号）

志上的文章。翻译完交给别人写稿等于花了两遍功夫，于是他们又进一步问："你要不要自己写稿？"我一写就写到了今天。也就是说，我有一段时期是领时薪，后来就改成了稿费制，一张稿纸领一定金额。

POPEYE 于 1976 年创刊，跟我上大学是同一年。不久后，大学生和 20 岁出头的读者群体与我一样踏入社会，公司希望做一本读者年龄层再略高一些的杂志，*BRUTUS* 便在 *POPEYE* 第五个年头时问世了。我受邀过去工作，最后在这两本杂志里共待了十年。我认为这段时间打下了我身为编辑的所有基础。入行时真的没多想什么，却碰巧

找到了与自己如此契合的环境。

POPEYE 和 *BRUTUS* 的编辑部都是不开编辑会议的，现在回头想想才知道那并非常态。尤其是在 *BRUTUS* 的那五年，我记忆中根本没开过半次会。*POPEYE* 应该也没开过，不过也可能是我不在的时候开的。

不开会要如何编出杂志呢？首先，脑海中如果有了策划思路，就先去查找各种资料。查归查，但那毕竟是没有网络的时代，所以也做不了太详细的事前调查，要是觉得大概搞得定就到总编办公桌前报告："这个似乎很有趣，请让我写报道。"

接着总编就会说："那某月号给你几十页篇幅，去采访吧。"编辑就出去采访了。我还在 *POPEYE* 时，组成大阵仗的采访团队是理所当然的安排，不过到 *BRUTUS* 后我已经做惯了，来自各种背景的国外友人也变多了，所以最常采取的做法是：只跟摄影师两个人行动，或一个人前往采访地再雇用当地摄影师帮忙，只带底片回国。接着再去编辑部，或更多时候是直接带着排版表单和底片回家，一个人写稿、做版。

由于做事方法如此，所以大家都要等到杂志出版后才

BRUTUS 创刊号
（Magazine House，1980 年 6 月号）

会知道隔壁编辑采访的主题。只有负责定版（决定把收集来的报道在杂志上排序）的编审和总编才会知道所有杂志内容。那是独立思考策划、自己负责完成版面的工作制度，成功的甜头和失败的苦头全部只有一个人尝。

我发自内心认为，催生无聊杂志的正是“编辑会议”。不管在哪家出版社，开会（有时也会让销售部门参加，视情况而定）决定策划都是常态。比方说，每个星期一在中午前开会，每人提出五个方案，所有人一起讨论。

接着大家开始一个一个抹杀彼此的方案，这不有趣，那也不有趣。有方案幸存下来获得采用，再分配给某人：

“这个你来负责。”从那时候开始，负责人的采访动机就已经是零了，因为那不一定是他想做的内容。

“能过的策划”是什么？就是内容大家都懂的策划。要让大家懂，就得进行所有人都能理解的介绍。介绍当中如果没有案例就会缺乏说服力，而案例不外乎是这样那样的杂志、网络或电视上都有过的报道。“看，这么多人做过。”简单来说，就是用别人已经用过的题材，而这除了炒冷饭外，根本不可能得到任何成果。

采访要访的不是“你知道很有趣的东西”，而是“好像很有趣的东西”。别人报道过的题材，你可以直接掌握内容，但没人报道过的题材就不能“喏”一声展示给别人看了。不知道能不能顺利写成文章，但感觉似乎很有趣，所以就过去看看。采访就是这么一回事，这种工作基本上跟会议格格不入。

说到底，会议也算是一种避险行为。大家一起做决定，就算失败了也可以把“是大家一起决定的嘛”挂在嘴边。某种意义上会议只是一种集体回避责任的制度。就在会议一个接一个开的过程中，题材的新鲜度也在不断下降。

我一路走来都靠自由接案，我认为，专业工作者不该采取“大家一起来”的做法，分摊责任是不行的。销售的意见和市场调查都无关紧要，编辑就该全力写出最好的报道、做出最棒的书付印，销售就该全力推广、营销。做不出好书，编辑要负责；任谁来看都觉得好的书如果卖不出去，销售要负责。我认为这就是专业人该有的觉悟，但我的看法也有过于天真的部分吧。

不过，应该也有很多人会担心自己的策划无法击中读者喜好。我一开始也会这样。

比方说，在 *BRUTUS* 创刊的 20 世纪 80 年代前期，纽约比现在野得多，但非常有趣。艺术圈原本流行难解的概念艺术，但当时新绘画运动从截然不同的源头冒了出来，蔚为风行。像基思 · 哈林、让-米歇尔 · 巴斯奎特等，全都是在同一个时期浮上台面的。

我一直都很喜欢当代艺术，但并没有受过专业的学院训练，专业知识完全为零。不过跑纽约久了，和那些艺术家也成了朋友，越来越觉得当时的场景很有趣。那刚好是眼光锐利的艺廊开始推基思和巴斯奎特的时期，他们的作品先前只被当作“涂鸦 = 乱画 = 违法行为”。

于是我采访了他们。回到东京后，为了写报道，我

“New York Style Manual”特辑
（*BRUTUS*，Magazine House，1982 年 9 月 15 日号）

开始找各种参考资料，阅读《美术手帖》和《艺术新潮》，结果到处都没有刊载相关信息。

于是，我一开始当然会认为自己押错了，因为专家完全没提到过他们。不过这种状况实在太常发生，久而久之我突然间就想通了：专家只是没实际去过那里，所以不知道罢了。他们有知识但没有行动力，所以无法知晓该领域正在形成的新潮流。另一方面，我虽然没有知识，但有行动力……或者说有经费。(笑)而且主管也从来不曾对我说："去向专家确认文章内容有没有错。"现在回想起来，他认同我的地方并不是我对采访对象的客观评价，而是我身为采访者非常享受采访对象带给我的乐趣。就这样,渐渐地,我不再信任专家说法,转而相信自己的眼光和感觉。对我来说,这是做杂志的十年里最好的训练。

只能像那样自以为是地独立作业,所以失败的话会惨到极点,有时手忙脚乱地向旁人求援也来不及了。完全不想回顾的失败多得很,不过呢,唉,两个星期后下一期就要出了(当年 *POPEYE* 和 *BRUTUS* 都是双周刊),只能告诉自己:失败就靠下一期扳回一城吧,没别的办法了。然后硬撑下去。

前面提到,我没想太多,顺势就成了编辑。不过在 *POPEYE* 打工期间,我其实考虑过考研究生,继续研究美国文学。因此,当我赴美采访,在当地发现同代年轻人喜欢的年轻作家时,都会兴奋地把他们写进报告中。可是教授们却毫无反应。

也许现在也没什么差别吧?当年大学的美国当代文学课堂上,"当代"指的是菲茨杰拉德和海明威他们。两人都老早就过世了啊……那种状况看久了,就会对学院的封闭性,或者说迟钝性、慢半拍感到极度厌烦。

于是我渐渐地不在乎学校,越来越觉得跑现场有趣。

四年级交毕业论文的时候照样为了 *POPEYE* 跑到美国去采访，交不出东西结果留级一年。第二年校方大概想给我留情面，决定让我毕业，但对我说："我们是特别网开一面，所以你别参加毕业典礼。"我到现在都还没去拿毕业证书。唉，不过我也不想要啦。

遇到真正新颖的事物时，并不是每次心里都能迸出一句"太棒了"！既然新，你当然没听过名字，也没见过，无法判断好坏。不过碰到的瞬间内心会骚动。

要斩钉截铁地说它"好"，当然会很不安。也许只有自己不知道它，也有可能完全押错宝。

即使到了现在，我大部分的报道都还是怀着这种不安做出来的。（真的！）克服这种不安的方法之一，就是把花钱作为考虑基准。

比方说，当我考虑做冷门画家的特辑时，只要问自己会不会想掏钱买对方的作品就行了，这样立刻就能判断自己是"喜欢到愿意花钱"还是"觉得好像还不错所以想采访看看"。养成不要立刻上网搜寻的习惯，靠自己的头脑与内心感受进行判断。这也许是培养自己的嗅觉最不费功夫的方法吧。

假设我和责编两个人去某个陌生城镇采访，当午餐时间来临时,如果那个编辑一下子就拿出手机查“Tabelog”[1]，我绝对无法信任他。我们不该遵从他人意见，应该先靠自己挑选，先吃吃看再说。也许会吃到万分糟糕的餐点，也可能会挑到从没吃过的美味食物。所谓磨炼嗅觉、强化味蕾，指的就是这么一回事。

事前查“Tabelog”决定好要去哪家店,或者先自己挑、先吃吃看——总觉得人的工作方式也会随着这个指标产生分歧。因为每个领域都有类似“Tabelog”的系统。

美术也好，文学也好，音乐也好，在这些领域如果不试着自己开启新的一扇门，把他人的评价放一旁，就无法累积经验。反复经历成功与失败，久而久之，当你看到觉得好的东西，不管其他人看法如何，就能断言它是好东西了。“逐渐增加段数，开始我行我素”其实是非常重要的。

说到底，比起押错宝被耻笑，想做的东西先被别人做了更令人不甘心、更讨厌吧。没有这种想法的编辑还是转行比较好。

1　日本的美食评比网站。

别看读者脸色，观照自己

当时我不过是一边兴奋地想“好像很有趣！”一边进行采访罢了，不过现在回想起来，*POPEYE* 和 *BRUTUS* 也许是非常有反抗精神的，挑战了所谓的“业界”。

比方说，*POPEYE* 现在是大家心目中的“型录杂志”的滥觞，但当年做杂志的我们一天到晚放在心上的，是《全球概览》[1]。这一点被我们信奉的精神显示了出来：人周遭的物品极可能反映他的生活方式。就这个角度而言，我上边的主编们尤其受到了美国反文化的深远影响，而我们也感受到了。

过去的 *POPEYE* 经常推出运动特辑，例如网球、滑雪特辑等。这完全不是由于想从厂商那里拿广告费而介绍新产品，而是因为每个编辑都喜欢运动，因此都怀抱着“想将日本的运动从运动会体系中解放出来”的强烈念头。

当时日本运动文化的基底存在着“苦练”精神，必须

---

1 《全球概览》（*The Whole Earth Catalog*）是美国 1968—1972 年间出版的反文化（Counterculture）杂志和产品目录，列出各种产品信息、评价及销售信息。曾被史蒂夫 · 乔布斯比作搜索引擎 Google。

爆汗喷泪那种，仿佛在宣告“不辛苦就不是运动了”。

但在美国采访的过程中，我发现同代的运动员都在非常放松地享受运动，而日本选手在场上根本不是他们的对手。我心想，原来如此。练习当然辛苦，但如果不开心的话就没法持续，也不会成长。最重要的是，我们并不是体育选手，如果运动时身体无法享受最本质的乐趣就太奇怪了。

因此编辑部同仁做运动特辑的同时，常常玩在一块。每到假日就去打打网球，搭外景车去滑滑雪，大家还做了一款编辑部专属的橄榄球衣。连有家庭的编辑都似乎觉得跟大家一起玩比待在家里开心。（笑）只有亲自尝试后觉得有趣的事，才能推荐给读者。

BRUTUS 有个持续至今的单元叫“居住空间学”。仔细想想，它当初也是彻底被建筑和室内设计界瞧不起的策划。

前面提到我的艺术素养是零，建筑领域也一样。不过我替公司到海外采访的工作迅速增加，在 *BRUTUS* 编辑部的后半段时期，我想我一年当中待在国外的时间加起来有三个月左右，那时我常有机会去拜访采访对象的家。

我偶尔会采访到名人，不过大部分都是不知名、作品卖不太动的当地年轻人。他们应该没花太多钱，可住的地

Architectural Stylebook

体中に陽を浴びながらお湯と遊ぶ。この心地よさをあげたい。

プールみたいなお風呂をロフトの真ん中に据えた。

"*BRUTUS* 的居住空间学"特辑

(*BRUTUS*，Magazine House，1982 年 6 月 1 日号)

方却帅到不行。他们懂得妥善利用旧家具店发现的破铜烂铁，也会恣意地打穿墙壁、扩充房间等等。

20 世纪 80 年代初期，艺术圈有新表现主义，建筑和室内设计圈则有"高科技建筑"风格抬头，势如破竹。这一派建筑师大胆使用原先不被视为建筑元素的工业制品，开始着眼于裸露构造之美。我感觉到它隐含着朋克式的反抗精神，挑战了建筑界不动如山的"现代主义"概念，也觉得其精神近似新表现主义，所以非常兴奋。从建筑史的角度来看，时值后现代主义当道，但在我们的日常生活当中，高科技建筑离我们近多了，也很时髦。

于是，我开始想报道“前所未有的生活空间”，念头越来越强烈。不过建筑跟艺术差不多，都算是专家主宰的领域。日本的建筑杂志虽然出色，但我怎么找都找不到相关资料，刊来刊去都是柯布西耶啊、赖特之类的建筑大师，还有超高级家具。住在那种房子里的人，我一个都不认识。

后来“居住空间学”单元开始了。我们明明是按部就班地到当地采访再写报道，却有大叔评论家骂我们“不要随随便便买了图片就来做杂志”。我忘不了当时的不甘心，现在也还是以它为工作的动力。“你等着瞧吧！”……虽然说这话的我已经快 60 岁了。

这么一想，我只能由衷感谢当时编辑部的环境，竟然允许我这种毛头小子一意孤行。我会说“这就是接下来的艺术趋势！”然后跑去采访没人见过也没人听过的艺术家。面对其他媒体完全没报道过、没人知道的题材，大多数主管都会予以否决，但当时的总编给了我们最大限度的自由，让我们做想做的事。

我们当然也挨过许多次骂。还记得我在 *BRUTUS* 时想出了“结婚特辑”，八成到今天仍是退书率最高的一期吧……而且我还提出“在米兰拍摄”的策划，去找总编商量时说：“会很有趣喔……”接着又半抱怨地撇下一句“但跟其他人的做法差太多了，不知道能不能卖好”。总编大为震怒：“你是真的觉得有趣吗？”我回答：“我认为成果一定会很有趣！”他便接着说：“那就不要看读者脸色，全心全意做自己真心觉得有趣的主题。卖不好低头谢罪是我的工作。”

我从那位总编身上学到很多，其中最身体力行的就是“不要设定读者群，绝对不要做市场调查”，不要追求“不认识的某个人”的真实，而是要追求自己的真实。这份教诲也许就是我编辑人生的起点。

以制作女性杂志为例。有人会设定读者群，比如：“本杂志以 25 岁到 30 岁单身女性为诉求对象，她们的收入大约是多少多少……”这样设定的一瞬间，杂志就完蛋了。因为你自己就不是 25 岁到 30 岁的单身女性。

明明是跟该群体无关的人，却擅自认定“他们关心的事物是这些”。我认为那样很怪，也很失礼。不该随便认定，而是要想：我觉得有趣的事物，应该也有其他人会觉得有趣。这“其他人”有可能是 20 岁的单身女性，也可能是

65岁的大叔、15岁的男孩子。我们面对的是“一个个读者”，不是“读者群”。

也许最近杂志会令人无聊的最大原因，就在这里。杂志的状况变得跟百货公司一样了。如今的百货公司没有个性，只是在比谁能引进最多知名品牌罢了，简直变成了房地产公司。杂志的现状变得如此相似，正是因为市场调查做过头了。时尚杂志变得像化妆包等“特别附录”的包装纸，以女性读者为对象的性爱特辑则是男性编辑擅自妄想出来的，这样的内容谁会想读？再说，这些市场调查并不是出版社自己做的，大多是大型广告公司发布的。

我偶尔有机会和年轻编辑喝酒，发现抱怨“策划过不了”“总编不顶用”“销售部门多嘴”的人大多隶属大出版社。（笑）领高薪的人怨言特别多，而弱小出版社的色情杂志编辑或八卦杂志编辑绝对不会发牢骚，真的。后者都说：“薪水低，工作辛苦，但我们是因为喜欢才做的。”

我接着想到，让年轻编辑工作到忘我的诀窍不是提高薪水，而是饭菜！我现在还是这么认为。让他们和缓自若地工作，再填饱、灌饱他们的肚子，就是要这样。大家爱说这年头的年轻人都是草食系之类的，没有那回事。他们只是讨厌无意义的宴会罢了。

我还在 *POPEYE* 工作时，有个时期几乎每晚都会去前平凡出版的编辑在六本木开的酒吧。原因是，在那里不管喝多少、带谁去，都不用花钱。并不是真的免费，而上司会将请款单全部收集起来，用各种巧妙的手法处理掉(笑)，我们这些下属一毛钱都不用出。他们说，要是因工作认识了什么感觉很有趣的人，通通都能带去喝酒。

结果就会出现这样的场面：这一桌有年轻的冲浪玩家笑闹，另一桌的内田裕也和安冈力也[1]陷入一触即发的对峙，情况紧急……如此一来，不同世代、生活环境也相异的人就会自然地结识。气氛越来越活络，各种信息纷纷入耳，破天荒的策划突然就被抛了出来。根本不用办“不同行业交流会”那种无聊的活动。

我后来才听说要维持“夜晚的编辑部”，或者说要在会计上蒙混过去有多麻烦，听着听着都消沉了起来。不过那真的是很棒的场所，待在那里的时间对年轻人而言刺激到了极点。我也认识了几个人生挚友。如今自己已到了当

1　皆为活跃于 20 世纪 80 年代的日本歌手及演员。

年上司的年纪，甚至比他们更大，照理要轮到我“回礼”了……虽然很难实行,但我希望至少能继承那份精神。(笑)

学得来的事，学不来的事

我开始在*POPEYE*编辑部工作是20岁左右的事，完全不记得在职期间有谁教过我拟策划或找题材的方法。上头只会说“去外面找”,连身为编辑的基本功都没有人教我,全都是随便有样学样学来的。

从上司那里学到了什么？真要说来，就是“享受乐趣的方法”了。也许只有这么一点。待在编辑部什么事都不会发生，总之就是往现场跑，不要忘记邂逅新事物的喜悦。

如今杂志编辑的工作状况大致上是这样的，社内编辑待在公司里，让自由撰稿人之类的人在外面跑，然后趁这期间不断在网络上找题材，糟糕到不行。自己不去体验的话，根本不可能明白趣味何在。不自己去是不行的。

业界还有“在线编辑指导的编辑补习班”这种谜之课程，收到的学生还不少对吧？没什么比那更浪费金钱和时间的了。付几十万日币去上课的时间拿来自费出版或做zine可以做几十本啊！想象一下你应该就懂了。偶尔会有讲师要我去客座讲课，这种时候我就会对大家说："待在这种地方太浪费时间了。"然后就回家去了。学生们都会露出不解的浅笑。

我认为工作有能教授的环节，以及不能教授的环节。技术是可以传授的，但"当编辑不可或缺的技术"本来就很少，几乎没有。书这种东西，自由地去制作就行了。

我怎么看都觉得，教人拟策划或学习拟策划本身就是很奇怪的事。因为我无法理解"寻找策划"这种行为。我只是有想要读的书，所以去做。以下这句话也许会引起反感，而且我也知道有例外存在，但我还是要说：如果一个编辑在最前线工作，再怎么说他都应该没有每周到学校授课的闲工夫吧？至少我光是自己出去采访跟写稿就忙不过来了，根本没有站到讲台上教人"拟策划"的余力。

说到底，假如"学习编辑的窍门"真的存在的话，我认为只有一个，就是找到自己喜欢的书，仔细地将它读进心里。音乐人会通过模仿喜欢的音乐人跨出第一步，画家会通过临摹喜欢的画家展开绘画生涯，同样，编辑也只要去邂逅自己喜欢的书或杂志，试着模仿它们做出书就行了，起点就在这里。挑喜欢的作者的书也行，挑编辑、设计或装帧让你觉得很棒的书也好。然后尽可能靠自己做书才是最重要的，多做一本是一本。

我刚开始工作时也深受美国杂志影响。比方说，采访者与受访者的距离，页面构成，杂志后半固定页面与特辑的风格要区分开来等等。我从高中时代就开始在神保町的西洋二手书店搜刮*PLAYBOY*等美国杂志，收集得很开心，而我干编辑的初期就像是那段时间的延续。

我当时的上司大部分都在20世纪60年代到70年代跑第一线，所以憧憬欧美那种时髦的杂志制作方法也不令人意外。如前所述，他们同时也受美国反文化系统的影响。因此编辑部订了堆积如山的外国杂志，而我读了一本又一本，学到非常多东西。那也是编辑部的珍贵资产。

我在2014年出了一本书叫*ROADSIDE BOOKS*，里边收集了我过去几年累积的书评。我在腰封上写了一句文案："并不是读得多就了不起，也不是读得快就代表聪明。"自己著作的腰封文案，我总是想自己来写。老实说我根本不希望出版物套上腰封，因为会妨碍到设计，但我说破嘴

ROADSIDE BOOKS

（书之杂志社，2014 年）

也无法说服出版社。

我认为，速读与快吃、大量阅读与大量进食没什么两样，所以才写下了那句话。买几百、几千本书堆在房间里，然后说“这些我都读过了”并没什么用处。因为你没去品味这些素材，所以什么也学不到。它们不会成为你的血肉。就算你想要成为编辑，也不需要比别人更大的阅读量。拥有几本读一百次也不会腻的书，比大量阅读重要太多了。对于想当电影导演的人而言，道理也类似吧。嫌睡觉浪费时间看个几千部片——这种行为对电影评论而言是很重要的，但对创作者来说就不是那么一回事了。后者应该要找出看一百遍也会感动的电影，一看再看，把它变成自己的一部分，这应该比看一大堆片还要重要许多；音乐家、画家面临的也是同样的情况。以前的作文课本经常阐述抄写的重要性，我想这对编辑而言同样是有道理的。

不要跟同行喝酒

同行交流跟参加编辑班一样，都很没意义。（笑）不过我认为“不同行业交流会”更没意义。

有阵子旁人会邀我去参加聚餐，类似只有编辑的酒局，但我几乎都不去，渐渐地连那类邀请都不会来了。我认识的编辑很多，但下班后每晚都想一起喝酒的没半个。对我来说摄影也是工作，但我跟其他摄影家的关系也完全相同。我大概从来就不曾跟同行一起喝酒，拿出彼此的“编辑论”“摄影论”唇枪舌剑。

同行不是伙伴。既然做一样的工作，就是对手。因此同行的朋友交得越少越好。如果有闲工夫和编辑同行喝酒，还不如随便去一家居酒屋或小酒馆，结识完全不同职业的人，这样利用时间有意义多了吧。去其他同行没去过的地方，你才会有独到的发现。

还有,这年头还有主管或前辈会把“熬久了就会出头”挂在嘴边，当年“真的熬下去了”的人才会爱说这句。我不至于说他们心肠坏，自己苦过所以希望后辈也有同样的遭遇，不过换工作这种事嘛，想换尽量换就行了。觉得合不来，辞职就行了。这种直觉总是意外地正确。

尤其做这种工作，要是在同一个地方苦撑许久，反而会有丧失感性的危险。以大叔系周刊为例，每一页的老人味儿都很惊人吧？但实际上，有的编辑部多是年轻编辑在编内容。我看了觉得很不可思议，为什么 25 岁的人写的报道看起来会像是 65 岁的人写的呢？于是我就问认识的编辑，得到的答案是：在编辑部待个两三年，写文章的风格就越来越老了。

我认为这非常恐怖。该说是入乡，不知不觉就随俗了吗？在不适合自己的编辑部苦撑，等于是穿着不合身的洋服，穿着穿着就变成合洋装的体型了。另外，也有求职时不甘不愿地穿着西装，穿久了就变得上相的情况。

这不代表你长大成熟了，只不过代表你成了“西装世界的人”。

那些内容无关自己的想法，也无关自己的信念。但被迫生产那些内容久了，你不知不觉也会变成“跟自己原先的想法、信念无关的人”，像是“有点儿坏大叔”“完美女友”之类的。(笑)

设计师这种“仆役”

前面提到编辑没有必备技术，不过做书过程中唯一需要技术的，也许就是设计领域了。负责想杂志或书籍页面设计的人，叫作编辑设计师，以前称为“编排”，不过我还在做杂志时设计也不叫设计，叫“排版”。

有一种设计被认为很“潮”。比方说，将主要的图片放得超大，然后文字尽可能放小一点，活用留白手法之类的。

和那种设计师工作，就会听到他脸不红气不喘地说：“文字满出来了，请删掉几十字。”设计优先的情形在杂志界特别多，所以撰稿人去配合预先设计好的版面写稿反而可能是常态。我还在做杂志时情况也相同，而且我承认，写个篇幅勉强落在预先决定的字数限制内的文章，就某个角度而言是对写手很有帮助的训练。

但各位可别误会了。书和杂志种类繁多，但基本上都是为了“传达些什么”的容器，而不是设计师的“作品”。因此，我只要看到文字小到得用放大镜看（上了年纪更是需要！）留白却很多的版面，就会气得牙痒痒的。既然有空白，那就放大文字、增加易读性嘛。

编辑有想要传达给读者的信息，所以准备了一些素材。图片也好、文字也好，如果塞不进预先设计好的版面，也不该自动予以删除，而是应该要努力设法将它们放进页面中。这才是所谓的“编辑设计”，不是吗？

我有几本书算是摄影集，但不是“作品集”。比起外观美不美，我更想全力提升内容的浓度。好看的书籍设计当然比乱糟糟的设计好，这是一定的，但老实说那不是最优先要考量的。大家经常说“设计就是活用内容”，说得有理，但不套到某些情况里就不正确了。最终，“编辑设计”应该要追着内容跑才对。可是关系逆转的案例绝不算少。要打个比方的话，那就像是买了定制化设计的住宅，住起来却很不舒服，仿佛被迫欣赏建筑师的“作品”似的。

在书籍制作的世界里，设计师不能跟作者携手合作；必须得直截了当地将作者的想法落实到纸上，当个积极意义上的“捕球手”才行。编辑跟作者的关系也是如此。

书籍作者会想百分之百地将打算传达的事情传达出去。如果那些信息挤不进版面的话，只要削减留白、缩小文字再塞进去就行了。

再举个例子。读喜欢的杂志时，令你感到万分在意的文章或图片，未必是主视觉照或特辑文章，而可能是书末黑白页上某张尺寸接近 35mm 底片的小图片，或者被推到版心外的一行字对吧？

尤其在所谓专门杂志的领域，决胜的往往是信息量而非帅气的设计，因此常会出现一流编辑设计师难以置信的版面构成，简直是乱来。我在《谁也不买的书，总得有谁来买》一书中举了《吉他杂志》为例，而《实话Knuckles》那类的八卦杂志和《EX 大众》那类的偶像杂志也都一样。比方说，一般杂志的字级通常会统一，正文

《谁也不买的书，总得有谁来买》
（晶文社，2008 年）

大约这么大，图片说明文字大约这么大，但那些杂志的正文字级会随着报道不同变化，有的页面甚至会以图说文字那么小的字填满。

那类杂志的设计师或编辑并不是想挑战排版常识，只是因为想放进书中的实在太多、太多了。杂志设计跟广告设计并不相同，如果让文字量或图片量受限于设计就本末倒置了吧。这种事偶尔也会发生，所以我做自己的书时只会和“擅长聆听”、能够理解我意图的设计师合

《ROADSIDE JAPAN——珍奇日本纪行》东日本篇、西日本篇
（皆为筑摩文库出版，2000 年）

作。我也很尊敬设计大师，但我做书并不是为了让设计师献宝的。

《ROADSIDE JAPAN——珍奇日本纪行》文库版是我请当时交情很好、刚从京都的美术大学毕业的五名年轻男女组成团队分工设计的，两本一套，分为东日本篇和西日本篇。找这么多人是因为两本书加起来超过一千页，用这么大的工作量去绑定一个设计师并不妥，而且预算也很吃紧。

当时预先设定的只有基本字体和文字排列方式，以及一条规则：禁止 1cm² 以上的留白。（笑）要是有空白，就多塞一张图片进去。版心外也尽量放文字进去，不然就太

ヒトの檻に入って、巨大ヒグマにエサやり体験

のぼりべつクマ牧場

千歳空港に着いたら、道央自動車道に乗って一路南下。登別東インターで高速を降り、登別温泉に向かえばまもなく、「登別・・・と言えば、クマ牧場」の名高いビーがそこらじゅうに現れてくる。日本各地にクマ牧場と名乗る観光施設は数あれど、老舗中の老といえばのぼりべつクマ牧場で決まり。北海道とヒグマが切っても切れない関係にあるのは、日本国どこの家の玄関にも、北海道土産のクマがサケをくわえてるヤツがあるのを見ても明白だが、そにしてものぼりべつクマ牧場が生まれてから、はや40年近く。現在200余頭のヒグマを擁する、内屈指の「ベア・パーク」だ。

登別の温泉街からちょっと奥まった駐車場にクルマを停め、ゴンドラに乗って約5分間の山登りクマ牧場は山の上にあるのだ。「猛獣ヒグマもここではみんなのアイドル!!」とパンフにかれているとおり、のぼりべつクマ牧場では毎日2時間おきに行われる子グマのショーアヒルの競走などのエンターテイメント、ジンギスカン定食が味わえるクマ山食堂、マの胎児ホルマリン漬けなんかも見られるヒグマ博物館など、お楽しみはいろいろ。かしなんといってもハイライトは、クマ山内部に設置された「人間のオリ」に入って巨大なヒグマを間近で観察できる「エサやり体験」だ。クマ山の裏側から、コンクリト製の山の内部に入ると、内部は分厚いアグリルと金属製の柵でガードされた「人間のリ」になっている。クマのほうが外にいるわけ。ヒトを見つけるとクマはすぐに寄ってくるら、スマートボール式のエサやりマシンで、固形エサ射出！　巨大なクマがパックリしたあと、「っともっと」とねだって掌（前脚）をフリフリする姿には、なかなかグッとくるのです。(96年10月)

入園料2300円とちょっと高めだが、ここまで来たら行かないと・・・

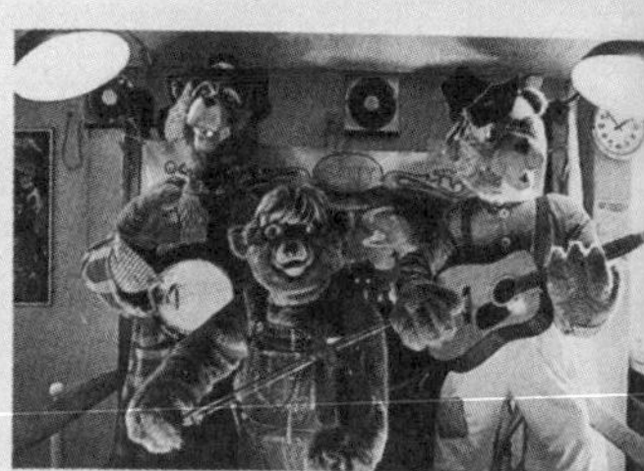
アメリカ生まれの「ビリージョーズ楽団」が、クマ山食堂で自動演奏中

上：博物館にはマニア好みの展示もあっ
意外に充実　下：アヒル競走もやってます

誌「ヒグマ」。もちろんクマ牧場発行の学術誌だ

北海道 0089

ポール式の餌やりマシンは、おもしろくってハマります

儀式に欠かせなかった、クマの頭を乗せる木「ユクサパウンニ」（上）や、手にとって感触を
れるヒグマの頭蓋骨（下）など、観光客が通り過ぎがちな博物館だが、展示は意外に充実し
また、いまや定番の北海道土産「熊出没注意」グッズ、そのほかさまざまなクマ関連のお土
さすがによりどりみどり。札幌の千歳空港より、品揃えは優れたものがあります

文库版《ROADSIDE JAPAN——珍奇日本纪行（东日本篇）》对页版面

浪费了。其余部分就交给他们五个自由发挥。每人负责页面的设计感都跟其他人有微妙的差异，因此书印出来后经常有人说：“明明是文库本尺寸，还杂乱成这样。”但我认为，什么统一感、美学都不重要，因为我想让读者看的图片、想让读者读的文字已经有那么多了，和读者分享那些才是最要紧的。

说起来20世纪90年代末到21世纪初，我有段时间相当热衷泰国，尤其被泰国乡下佛寺那些究极怪诞的地狱极乐全景模型彻底迷倒。我一年会去个好几次，不断进行采访工作,最后将内容整理在《HELL地狱漫步（泰国篇）》上。当初会知道那样的地方，是因为我在曼谷旅馆随意翻看当地杂志，结果看到一张非常小的图片。杂志上写的当然是泰语，完全看不懂，但另外还有令人难以置信的色情怪诞、恐怖立体绘卷在我眼前展开：身体被切成两段、睾丸被野狗咬碎、手插着针筒的人被摩托车碾过……我大吃一惊，冲到酒店前台去问：“这是什么？这在哪里？”结果对方亲切地给我建议：“那不是什么了不起的寺庙，从曼谷过去得花两个小时左右，没有去的价值……”而我打断他的话，立刻请他帮我叫出租车，到场一看，感觉像是

《HELL 地狱漫步（泰国篇）》
（洋泉社，2010 年）

被痛打了一拳。这已经是十几年前的事了。

像那种真的很小的图片或真的很短的文章，也可能成为某种契机。因此只要版面允许，再怎么小的图片、再怎么琐碎的信息我都会想放。

我偶尔会在美术馆举办摄影展。对啊，美术馆的作品解说或许也是类似的东西。如果看到在意的作品，我们就会查看解说，看这是谁画的、来自哪个年代。那些作品解说大致上都做得很小，大概是故意的吧。

不过我还是认为，我的照片与其说是“作品”，“报道”的性质更为突出。我希望大家了解的不是我的拍摄手法，而是拍摄内容。因此我经常向美术馆员提出请求：“尽量把解说放大！”2010 年在广岛市当代美术馆举办个展“HEAVEN 都筑响一陪你探访，社会之窗中的日本”时，我将文字放大到极限，解说板也加大尺寸。负责的馆员听了一时说不出话来，但我向他解释：对我来说，展览空间就像是“立体的书”，我想把一面面墙壁当作一张张书页，填满影像和文字。他听了后觉得很有意思，努力帮我实现。这件事我到现在还印象深刻。

并不是留白很多的设计方法全都不对，也不是塞得越满就越好。能否摸透一本书或杂志作为容器所盛装的传达信息是什么、有多少，关乎编辑设计师的资质，作者或编辑与设计师沟通的能力也有很大的关系。

现在的杂志常常把设计工作外发出去。外头有几家人气设计公司，案子交给他们就能安心。虽然安心，但交给他们的东西看起来都一个样。

我还在做杂志时，*POPEYE* 和 *BRUTUS* 都在编辑部的角落设有校对和美编部门，大家每天见面，一起做书。拍照时会请他们在场，偶尔也会请他们到采访现场。每天

“HEAVEN 都筑响一陪你探访，社会之窗中的日本”展场照
（广岛市当代美术馆，2010 年）

晚上也会混在一起。如此一来，我们根本不用说明，他们就会知道我们认为什么有趣、想往哪个方向去。这点非常重要。设计师如果光是在自家公司待命，听到编辑说：“来，这个麻烦你，这张图片放大一点。”当然会摸不着头脑。

因此编辑和设计师，尤其是杂志的编辑和设计师，不混在一起是行不通的。“宅 File 便”[1] 无法传递意念。

1 日本的一个文件传输服务网站。

问题2

如何养成自己的编辑视点

身为策展人，身为DJ

“编辑”到底要做什么呢？粗略地说，编辑的工作就是想策划，出去采访或向作家邀稿，编排出书或杂志。我认为编辑最重要的功能，就是让作者除了创作之外什么都不用想。

打造作家这种想法太过火了。编辑的工作性质完全只是“指挥交通”的一种，协助书顺畅出版问世。就这个角度来看，美术馆的策展人跟编辑似乎有点像。有的策展人会说：“一起来办个好展览吧！”误会过头了吧。策展人的角色不是和艺术家“一起做作品”，而是设法让艺术家集中全力制作作品，不需要去担心宣传和经费问题。这不是上下关系，但也不是对等关系。不管怎么说，动手做的人就是骑马打仗中的大将，而自己是下面的马。要是忘记这点，就会发生丢脸的误会，而且迟早会在名片上放“超级编辑”这种头衔。

一直以来，大出版社漫画杂志的编辑会和漫画家一起想故事，但这惯例非常扭曲不是吗？就某方面来看，编辑大概算是漫画家的制作人吧，但干涉关乎作品本质的部分就不是编辑本来的工作了。思考书籍内容的人是作者，不是编辑。近来年轻漫画家对毫不变通的大出版社漫画杂志敬而远之，宁可自费出版，完全按照自己的想法做书，然后参加 Comic Market 或通过网络商店直接售卖。有这样的趋势也是理所当然的吧？对漫画编辑而言，这是自作自受。

若用音乐比喻，作者就相当于音乐人，编辑该扮演的也许是 DJ 的角色。DJ 的工作是将一首又一首歌曲串联起来，创造出一个音乐的“块儿”；同样，编辑必须将各种文章组合起来，拼成一本书。内容素材完全由音乐人提供，编辑不会和他一起作曲。

没有 DJ 会只放畅销金曲吧？不断放没人听过的歌曲，舞池里的人也无法随之起舞吧？因此，要炒热气氛就得放知名度有高有低的曲子，偶尔还得插入曲风完全不同的音乐，制造意想不到的展开。

要成为这种 DJ，非得各种类型音乐都听才行。还得找出业界人士御用店之外的唱片行，看完全没有熟人会去的现场表演，在旅途中寻找从未听过的音乐。像这样扩充自己的世界观，对 DJ 和编辑都是很重要的事。

这需要经济上的余裕，但也不是全靠钱就能办到的。

邂逅美国文化

我第一次为 *POPEYE* 出国采访是在 1978 年，刚好是成田机场刚完工那阵子。还记得我应该是从羽田机场出国，从成田机场回国。那也是我第一次搭乘飞机。我们家有好几代都是生意人，完全没有长途旅行的机会。

我第一次出国是去纽约，但那时代和现在不同，没有网络，因此只能从编辑部订阅的《纽约》杂志（*New York*）或《村声》（*The Village Voice*）中找出有那么点意思的素材，剪下报道，到了当地再拿起黄页（依职业分类的电话簿）一个接一个联络、约访，这就是第一步。接着就是不断走路，或开出租车到处晃，寻找在意的店，不然就是从热闹大街的街头走到街尾，然后根据笔记做出“街道地图”。编辑部把这样的行动称为“间宫林藏”[1]。我们会说："吃饱饭之后就要去间宫林藏了。"（笑）我在 *POPEYE* 的五年几乎都是这样过的。

起初也安排了当地的帮手，但我后来都是自己猛打电话，用英语沟通。结结巴巴地对电话另一头提出请求："我们是日本的杂志，想要拍摄贵店照片。"结果对方三两下拒绝："我们不是会上漫画杂志的那种店。"有段时间我实在恨得牙痒痒，想不通 Magazine House 为何偏偏要拿那种漫画角色的名字来当杂志名。[2]但也因此，我的英语越来越进步，连以前学的零实用性的英语系英语也派得上用场了。

我在 *POPEYE* 的时代，责编、撰稿人、摄影师等会组成少则四五人，多则七八人的大队人马从东京出发，在

---

1 间宫林藏，日本江户时代后期探险家，1808 年对分隔库页岛与亚洲大陆的鞑靼海峡进行了探查，日本人遂将其命名为间宫海峡。

2 *POPEYE* 刊名源自美国漫画《大力水手》的主角波比，同时也取“流行之眼”之意。——责编注

国外的酒店或汽车旅馆住好几个星期，几乎是集训状态了。一个房间睡好几个人，每天从早到晚都一起行动。大家都没手机、没网络，也没有一个人擅自跑到其他地方的行动力，所以没有独处的时间也没有隐私。现在回想起来，那状况或许有点奇妙。

我就那样一路在 *POPEYE* 工作，不知不觉从兼职人员变成了“自由接案但办公室有我座位”的人员，*BRUTUS* 创刊后调往他们的编辑部。从那阵子开始，采访团队的人数就渐渐变少了……但机动性也高多了。接着编制越来越接近一人团队，我也开始一个人到海外采访。

一个人过去，找当地摄影师一起合作。对方几乎都不是日本人，所以工作上只能靠彼此的破英语沟通。

为什么这么安排？一来，当地人最了解他所在的城镇；二来，采访工作结束后就能独处了。我不是想偷偷摸摸地干什么坏事，不过当时我已渐渐觉得，一个人在街上慢慢晃荡或者在酒店悠哉看电视更舒服一些。

做杂志和制作电视节目一样，到海外采访时基本上都会有所谓的“统筹人”随行，他们负责给制作团队导览，甚至帮忙安排采访行程。我还在 *POPEYE* 的时候经常拜托当地友人帮忙，但印象中不怎么常雇用专业的统筹人。到 *BRUTUS* 后，开始一个人包办几十页的特辑，那时已经跟统筹人完全无缘了。到了英语完全不通的国家，也顶多请翻译来帮忙。

请统筹人会带来很大的便利，但换个角度看，找他们就只能报道他们知道的人、事、物。只要消化他们预先排好的行程即可，大概不可能出什么差错，但也不会有自己发现新事物的喜悦。说到底，只要找同一个统筹人，谁都能完成同样的工作内容。

自己查资料、自己去探访的话会遭遇许多失败，例如花半天好不容易抵达的博物馆正在“冬季休馆”，约好碰面的人一直不来……但一切顺利时的喜悦是极大的。

这大概称不上“专业人士的工作方式”吧，也经常有人说我这样白费很多力气，但一个人行动、一个人准备规划的话就不需要付统筹人报酬，预算上反而轻松。

前往某处打算进行采访，结果因为没有统筹人而无法顺利取得成果，这种时候就会心无旁骛地设法找出替代的报道题材。虽然无法按照预定计划走，但我其实很喜欢“在什么也没有的地方想办法生出页数”的感觉。因为，大自然风光虽然有壮阔和朴素之分，但只要是有人住的地方，不可能连一个有趣的点都没有，住的人多或少并没有影响。真正超乎预期的邂逅，只存在于超乎想象的地方。

因此策划也好、旅行也好，一开始就规划得巨细靡遗是行不通的。

自由工作者的自由与不自由

就这样，我总共在 *POPEYE* 和 *BRUTUS* 编辑部待了十年。不过就像前面提到的，我一直都是以自由工作者的身份待在这里，甚至不是每年签约的工作人员，只是纯领稿费。

我跟公司上级的交情也变得相当不错，那十年内被劝过几次："要不要做正职员工？"还说，只要形式上考个试就能让我进公司。进公司后生活当然会比较安定，但另一方面，也会面临人事变动。原本待在 *BRUTUS* 编辑部，哪天突然被调到女性杂志 *Croissant* 也不奇怪。

很想在这种时候把"我为此烦恼许久"搬出来，但其实我根本没犹豫。现在回想起来还真是不可思议。

现在的情况我不知道，不过当时的 Magazine House 似乎是以“社内工作年资”决定年薪。不论是办公室内朝九晚五的文书处理人员，还是忙到一周得住编辑部几天的编辑，领的薪水都是一样的。像我这样的自由工作者，基本上都是在正职编辑底下工作。不过正职编辑有非常热衷于工作的，也有完全不做事的。他们会在员工餐厅吃中餐和晚餐（Magazine House 的员工餐厅是免费的！），晚上就在编辑部角落打打扑克牌，去麻将馆杀杀时间，然后用出租车券回家。每天感觉都这样过。所以那阵子有人说，两个员工结婚的话十年内就可以买房子了。(笑)

接受这种“高规格待遇”，工作与否都能领同等薪水的话，我想我一定会怠工的。毕竟，经过人事变动，从性质天差地别的娱乐杂志调过来后根本不做事的正职编辑太多了。

还有一个我不太希望回想起来的情况。不只 Magazine House，当时每家大出版社都有非常强大的工会，因此春斗[1]、集体协商等工会运动接连不断。于是，到昨天为止还

1 日本工会每年春季组织的为提高工人工资而进行的斗争运动。——责编注

跟我一起工作的正职编辑，今天突然就在头上绑起红色布条，在墙上贴出字迹潦草的大字报；感情很好的上司和部下突然开始在会议室互相咆哮。

傍晚一到，正职编辑撇下一句“工会决定禁止加班”，从编辑部消失。但杂志不能休刊，工作堆积如山。因此自由工作者和兼职人员得花比平常更多的力气四处奔走，一再打电话给在公司旁边咖啡店之类的地方“待命”的正职编辑，或跑过去报告情况。正职编辑的薪资因此逐渐提高，我们却跟恩惠完全无缘。我后来对这种公司运作方式讨厌到了极点。不是工会这个系统本身不好，但做好书、好杂志完全是另一回事吧。

埋头苦干十年后刚好也30岁了，想让这样的生活告一段落，于是我在1985年向*BRUTUS*提出辞呈——平常接受访谈时，我总是这样回答的。“想要告一段落”是事实。不过具体的理由其实有两个。

第一个原因我之前没怎么提过，是报酬问题。待在*BRUTUS*后期，我几乎都是一个人做几十页特辑，工作量非常庞大，而且一年只能做三四期。如果单纯以“这页几百字所以领这么多钱”的方式计算稿费，只会得到跟努力不成比例的数字。怪的是，与那么辛苦做事相比，每期都照抄介绍资料写好几篇新电影、新音乐的相关报道，赚到的总额反而比较多，而且是多上许多。我认为这样很奇怪，多次跟上头交涉，请他们提高稿费，但不知道说了多少次，连自己也觉得烦了。

某天我说："我要辞职了。"结果当时跟我谈的总编竟然说："那在你离职前把采访诀窍和合作对象清单告诉新人。"我到现在都还记得自己有多失落。那彻底是公司正职人员的思考方式吧？对自由工作者而言，那"诀窍"正是财富啊。

还有一个理由，就是"杂志有其寿命"。*POPEYE*、*BRUTUS* 都活得好好的，说"寿命"也很怪，不过我总觉得杂志是以三年为一个循环。*POPEYE* 创刊时的总编似乎拜托过当时的社长，"请您这三年默默看着就好。"现在的出版社大概连三个月都等不了吧。三年过去后，经营状况稳定下来，第四、第五年就把过去受欢迎的策划重做一次。并不是这样不好，但重复策划不应该由同一批人来做，否则只会做出相同的内容。因此我根据经验产生的感觉是：好的编辑部应该要每五年有一次新陈代谢吧。

要试着停下脚步

我辞去了 *BRUTUS* 编辑部的工作，但并不想太声张。趁所有人都不在的星期天来到编辑部整理私物，在桌上放了一张有我联络方式的名片，事情就这么结了。我绝对不要什么泪眼汪汪的送别会。

之后我暂时在千驮谷租了一个小工作室，开始当自由文字工作者。做着做着，因故开始跑京都，每隔一段时间就会去玩，有一天发现京都的房租比东京还便宜。那时我靠传真发稿、跟编辑讨论，所以心想，就算没待在东京也没关系吧。于是我在京都租了公寓，决定试着住个两年看看。我在东京市内搬过几次家，但搬到东京外还是第一次。

接到的工作量不算多，不过当时日本即将迈入泡沫经济时代，经济形势很好，所以单件单件的案子还不少，就算不焦急地工作也活得下去。因此我开始到京都大学旁听，决定第一年上日本建筑史，第二年上日本美术史，这样就好了。固定每周一次骑菜篮车到京大听课，然后再直接骑车绕到教授提到的神社佛阁或博物馆看看。我还买了高度一米以上的京都大型地图贴在房间里，去过的地方就以图钉标示……现在回想起来像是一场梦，但那可说是我人生路上的一次换挡，是停下一次脚步重新了解周遭的大好机会。

进入泡沫经济时代，那时的事真要聊起来可没完没了，总之当时有很多从东京或海外来玩的人，我和他们在祇园、先斗町或保留有嬉皮文化余韵的酒馆混得很开心，混着混着认识了京都当地的老字号出版社“京都书院”，催生了 *ArT RANDOM* 这套当代艺术全集，共 102 本。这是我第一次经手书籍的编辑工作。

为杂志多次进行当代艺术相关采访的过程中，我得知日本的艺术媒体落后时代一大步，而且国外的年轻艺术家也没什么机会发表作品，或自己做展览目录之外的艺术书，因此我起了一个念头，想把“真正当下的”当代艺术介绍给没钱买高价大部头展览手册的同代年轻人。

ArT RANDOM 的价格定为相当便宜的 1980 日元，希望读者买起来的感觉就跟购入 CD 或黑胶差不多；拿掉展览目录中最没有存在必要的冗长解说文，只扎实地介绍作品；做成像儿童绘本那样的硬壳精装书，坚固耐用，读者即使粗鲁对待它也不要紧。根据以上概念，我们推出了这套书。

选定艺术家专题的工作不只由我负责，我也拜托当时认识的欧美年轻艺术线记者或新锐策展人帮忙："请你们编五本，想做什么就做什么。"有不少本是这样编出来的。我们还采取了一个做法，就是将售价压到最低限度，给艺术家的初版版税也设定得很低，但印好的书会给他们100本。对艺术家来说，与其收到一丁点版税入账，还不如拿到书在展览上售卖。

全套102卷当中有几本是介绍日本艺术家，不过仍是介绍欧美艺术家的比较多。一来是想把这些艺术家介绍给没什么机会认识他们的读者，二来是日本的美术馆完全不愿提供协助。就算提出外借作品翻拍的请求，他们也只会采取"你在说啥啊？"之类的态度。

这套书介绍的艺术家当中，有的在欧美当代艺术圈已经享有盛名，例如基思·哈林、让-米歇尔·巴斯奎特、辛迪·舍曼等，也有后来蹿红的文森特·加洛，知名却一直没出作品集的拉姆梅利兹，以及英年早逝的艺术家。高知名度的艺术家当然出过展览目录，但实在很难随心所欲地做出画册来，所以欣然接受我们提案的人意外地多（尽管这系列书一本只有48页）。后来京都书院有意将102卷

《ArT RANDOM 6：基思 · 哈林》
（京都书院，1989 年）

复刻出版为三本 1500 页的文库版，但公司却在试作样书都已经做好的阶段破产了。这个策划最终没有实行，因此各位只能在二手书店找 *ArT RANDOM* 系列的书了。

基本上一本书只介绍一位艺术家，不过当中有几本以特定主题概括了几位艺术家，感觉像是在办纸上联展。“非主流艺术”（Outsider Art）是其中一例，我认为它应该是日本最早出版的非主流艺术主题书籍，最早将亨利 · 达尔格介绍给日本读者的也是它。

总共有 102 本，所以一本一本挑出来谈编书时的回忆根本谈不完。不过印象最深刻的是，我在编这套书时首次

《ArT RANDOM 50：非主流艺术》
（京都书院，1989 年）

使用了苹果 Mac 电脑，在那之前只会用一台小小的打字机。

ArT RANDOM 的制作团队采取两人编制：我在移居京都期间担任编辑，我的设计师朋友宫川一郎负责设计。基本上都编成日英对照的双语书；文字量不大，所以两人编制还应付得来。

当时无法以编码方式输入文字，那仍是照相排版的时代。英文字的照相排版非常耗费金钱与时间，作者又散布在世界各地，讨论校稿困难万分。

因此我想，如果引进刚开卖不久的个人电脑，日文字与英文字的排版就能无缝接轨了。于是我买了最早的苹果

AT RANDOM
Shinro Ohtake
AT RANDOM
Donald Baechler

AT RANDOM
David Bowes

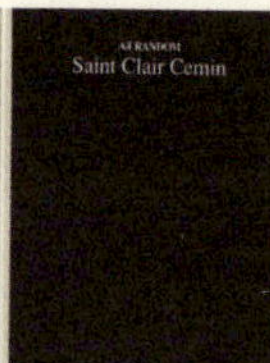
AT RANDOM
Saint Clair Cemin

AT RANDOM
VINCENT GALLO

Eight
Balle

AT RANDOM
Ouattara

AT RANDOM
Ray Smith

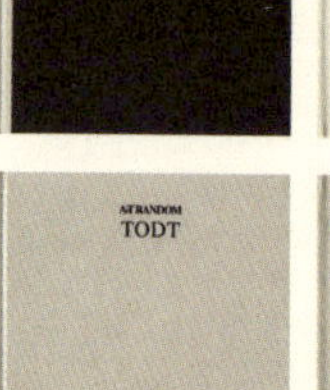
AT RANDOM
TODT

AT RANDOM
Keiichi Tahara

Cookie Mueller and
Vittorio Scarpati

AT RANDOM
Jeff Gompertz

AT RANDOM
Peter Nagy

AT RANDOM
Tseng Kwong Chi

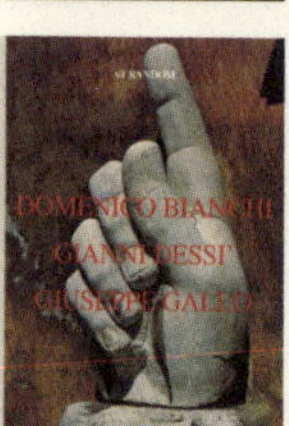
AT RANDOM
DOMENICO BIANCHI
GIANNI DESSI'
GIUSEPPE GALLO

AT RANDOM
IZHAR PATKIN

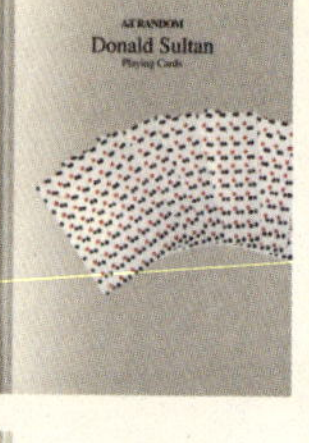
AT RANDOM
Donald Sultan
Playing Cards

AT RANDOM
Sam Doyle

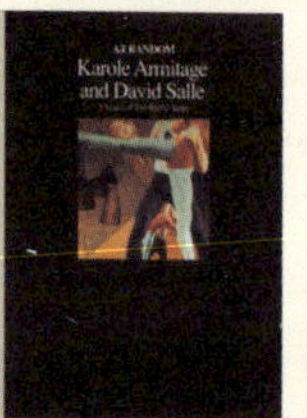
AT RANDOM
Karole Armitage
and David Salle

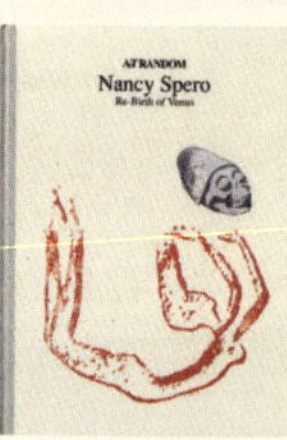
AT RANDOM
Nancy Spero
Re-Birth of Venus

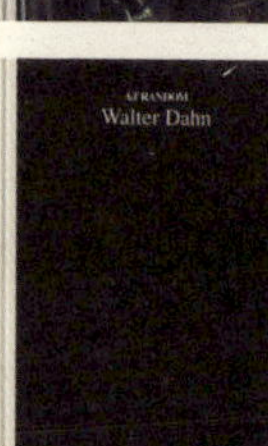
AT RANDOM
Walter Dahn

AT RANDOM
Kenny Scharf
Jungle Book
SAVE
ME
ジャングルブック

AT RANDOM
Dino Pedriali

AT RANDOM
Louis Jammes

AT RANDOM
Miquel Barceló

Lola
+
JULIAN
SCHNABEL

AT RANDOM
Anish Kapoor

AT RANDOM
MARIPOL

AT RANDOM
James Nares

ART RANDOM
Rob Scholte

ART RANDOM
James Brown

ART RANDOM
MICHIKO YANO

ART RANDOM
Jae-Eun Choi
Seiko Mikami
ART RANDOM
Peter Grass

ART RANDOM
RAMMΣLLZΣΣ

ART RANDOM
Ross Bleckner

ART RANDOM
Manuel Mendive

ART RANDOM
Gilles Aillaud
Complete Lithographic Work

ART RANDOM
Louis Darocha

ART RANDOM
Jean-Charles Blais

ART RANDOM
Gérard Garouste

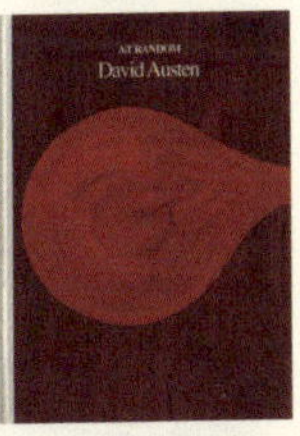
ART RANDOM
David Austen

ART RANDOM
Stephen Buckley

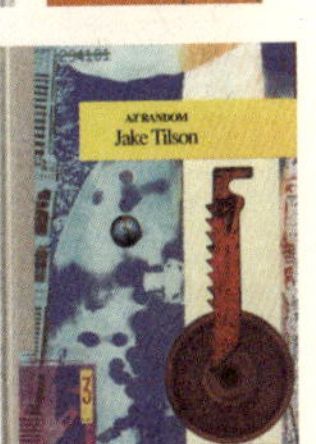
ART RANDOM
Jake Tilson

ART RANDOM
British Figurative Painters
of the '80s I

ART RANDOM
British Figurative Painters
of the '80s II

ART RANDOM
British Object Sculptors
of the '80s I

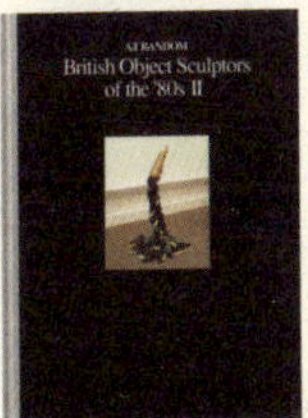
ART RANDOM
British Object Sculptors
of the '80s II

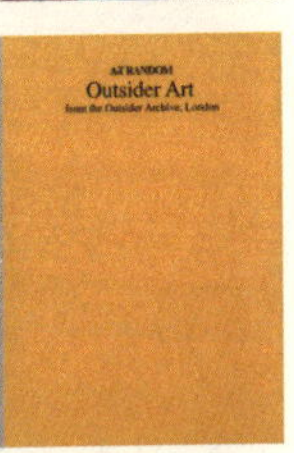
ART RANDOM
Outsider Art
from the Outsider Archive, London

ART RANDOM
Rémi Blanchard

ART RANDOM
Bernar Venet

ART RANDOM
Sakuji Yoshimoto

ART RANDOM

ART RANDOM
Patrick Ireland

ART RANDOM
Corrado Levi

ART RANDOM
François Boisrond

ART RANDOM
Philippe Cognée

Eugène Leroy
New British Graphic Designers

Joaquim Rodrigo

Paula Rego

Leon Golub

Cindy Sherman

Zaha Hadid

Peter Cook
Conversations

Georges Rousse

Mimmo Paladino

Ian Walton
Russell Mills
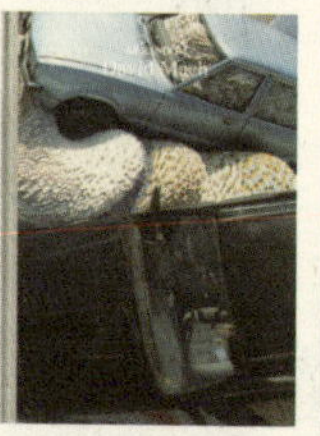
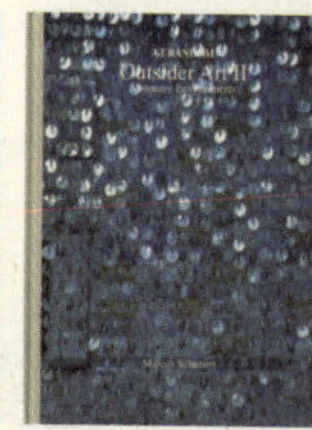
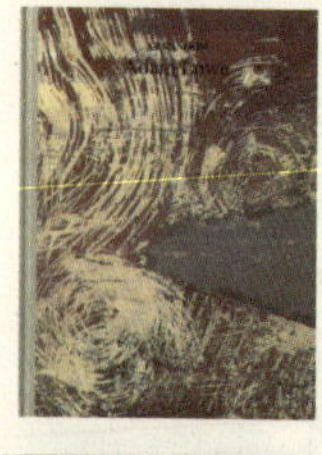
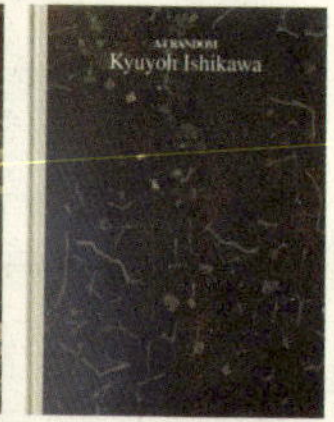
Kyuyoh Ishikawa

Martin Disler

ARMAN
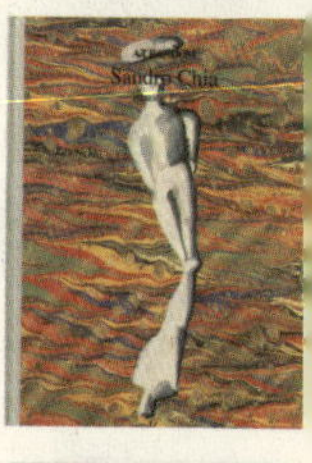

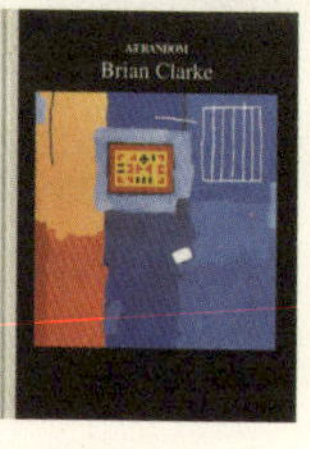
Brian Clarke
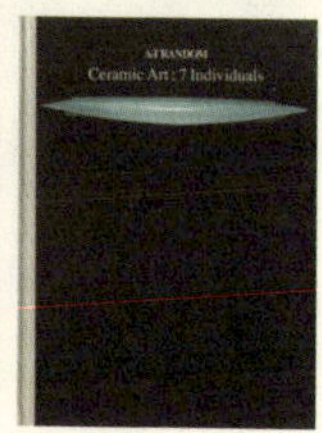
Ceramic Art : 7 Individuals
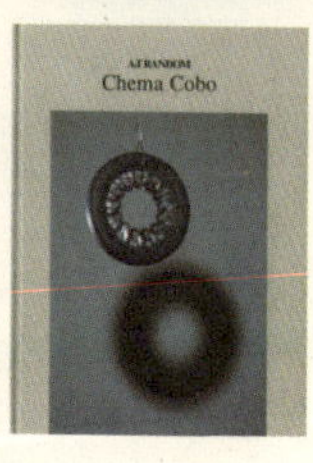
Chema Cobo

George Condo

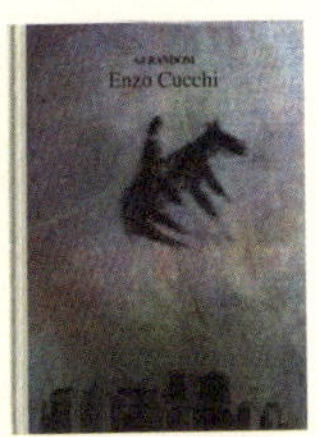

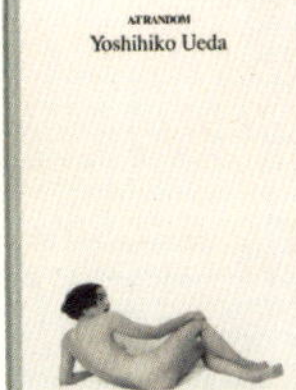

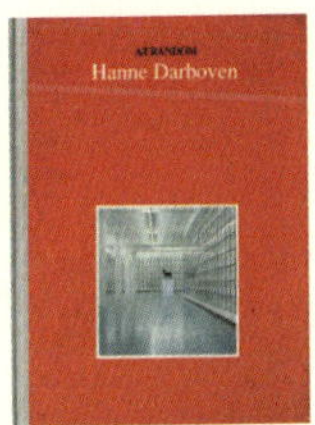

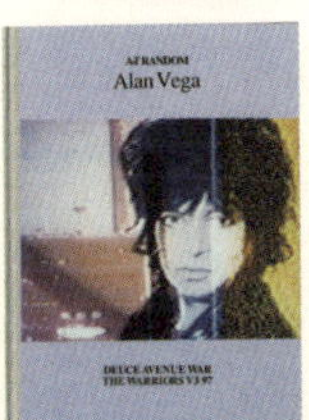

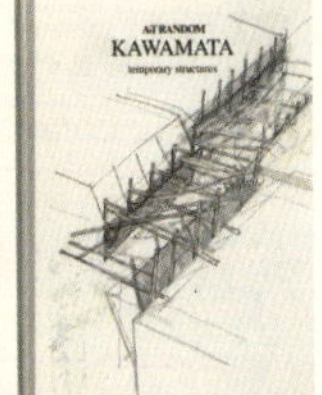

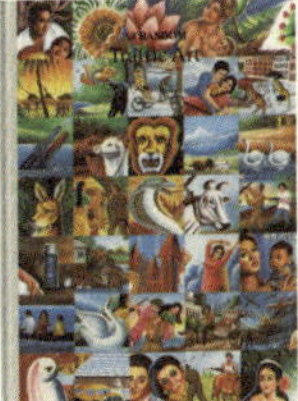

ArT RANDOM 系列，共 102 卷

（京都书院，1989—1992 年）

Macintosh Plus，印象中要价 50 万日元左右。（我后来也用了各种苹果电脑，新的来旧的去，唯独这部舍不得丢，一直放在手边。）当时京都唯一卖苹果电脑的店家，是佳能的事务机部门。当然只有软盘驱动器可用，苹果电脑用的外接硬盘还不存在于世上。工作时得准备几十张软盘，不断换盘，堆得一团乱。不久后推出的最早期的激光打印机当然只能黑白打印，而且尺寸最大到 A4，售价仍高达 100 万日元左右。当时的环境就是这样。

苹果电脑一发售，瞬间就成为革命性的产品，当然又会有人跳出来七嘴八舌："方便性不是我们使用个人电脑的唯一理由，而是要通过新工具催生新的思考。"听了真不爽呢。(笑)

说这种话的人，大多是大学老师、企业研究者之类的。安稳地领薪水、待研究室，然后还说些有的没的。我们可是想要设法降低照相排版的成本、做出便宜的好书，基于如此切身的理由才自掏腰包引进那样的器材。我们两方跟绝境之间的距离简直是天壤之别。

这些人跟大学里头那些悠哉议论"艺术是否已死"的大艺术家、大评论家完全一个样。有时间说那些乱七八糟的，还不如多画一张画。那阵子，我对学院派的厌恶就已经确立了。

没钱才办得到的事

在京都住了两年，认识了各式各样的人也和许多店家培养出感情后，我开始觉得“这样下去不妙”。（笑）生活不奢侈的话花不了什么钱，主攻学生、可自在进店的居酒屋也非常多。要是在那种店里每晚跟朋友一起喝酒，把“真想做有趣的事”挂在嘴边，十年转眼就过了。实际上，在那里落地生根的外国老嬉皮或自称艺术家的大叔可多了。

因此我在第三年回到东京，给 *ArT RANDOM* 系列收尾，也做一些零星的案子。渐渐地，我认识了许多年纪小我一轮的朋友。当时我在时尚业界的友人很多，交友圈是从那里往外扩散的。不过在业界底层工作的年轻人，大多口袋空空吧。（唉，我当时也才 30 多岁罢了。）和他们一起吃完饭，问起“要不要续摊”时，经常会演变成“那就在住的地方喝吧”，因为没那么花钱。

就这样，我开始去这些年轻人的公寓了。他们住的房间当然很狭窄，就算里头放着时髦的衣物，内部装潢也够不着时髦的边儿。但不知为何，我越来越觉得缩在这种地方喝酒非常舒畅。比待在杂志里报道的那种奢华客厅还要舒畅许多。

接着我问起他们的生活状况，回答不外乎是“每周打工两天，剩下五天在摄影棚练习”“稍微接点模特儿工作，其余时间画画”之类的，令人非常感兴趣。

这些年轻人也许是世俗眼光中的“失败者”，也许很让父母担心，但我越看越觉得，就某个角度而言，他们的生活是非常“健全”的。收入没多少，但不会去做真心讨厌的事情，以此为生存之道。与其勉强住租金较高的房子、搭满员的电车去通勤，还不如搬进租金不会造成负担的狭窄房间，不管去玩或去工作都靠徒步或自行车解决。家里没有书房也没有餐厅，但附近就有图书馆或喜欢的书店、朋友开的咖啡厅或酒吧，把街上当作房间的延伸就行了。

像那样的房间、那样的生活，如果只收集 10 组写成报道，下场就是被归类为“邋遢房间趣闻”，但如果收集 100 组也许就会产生不同的意义？这正是《东京风格》

（*TOKYO STYLE*）[1] 问世，我成为摄影家的契机。

这个计划其实有前人打下的立足点。当时世界各地非常流行命名为“某某 Style”的时髦室内设计摄影集，例如 *PARIS STYLE*、*MIAMI STYLE* 之类的。这一系列“STYLE 摄影集”的作者是纽约知名记者苏珊妮·斯莱辛，她完成几本书后接着想出 *JAPANESE STYLE*，于是和英国的艺术总监、法国的摄影师一起飞过来，拜托我找可拍摄的住宅。她是我朋友的朋友，之前也在 *BRUTUS* 上报道过各种住宅。

于是我找了各式各样他们看得上眼的时髦住宅，总之过程实在辛苦得不得了。光是豪宅还不行，因为没有“SYTLE”就不能刊出来。（笑）

接着我只好利用各种关系，不断向人鞠躬求情，过程中开始思考，为什么做起来如此困难重重呢？我没什么大富大贵的朋友是其中一个原因，不过事实会不会是“家里布置得这么帅气的人，比我们想的还要少上许多”呢？数量少，找起来才那么辛苦。

---

1 中文简体版于 2019 年 5 月出版。——责编注

“STYLE”翻译过来，就是“风格”。带有该风格的事物多了，风格才能成立。如果数量很少，构成的就不是风格，而是“例外”了。因此我们不是在报道“日本的风格”，而是在不自觉地塑造“日本的例外”。

那么，大多数人过的非例外的生活是什么样子呢？如果举我那阵子来往频繁起来的东京年轻人为例，那就是“居住空间狭窄，但还是过得很开心”的生活风格。

在那之前，大家都说日本人住的房间是“兔子小屋”，视之为落后象征，但我认识的年轻人都不以狭窄为苦。他们不会逼自己做不想做的工作，借此住进较大的房间，而是本能地选择了不勉强自己的工作，生活在狭窄的房间里。

我因此有了一个强烈的念头，下次真想做一本书介绍真正的 Japanese style！并逐一向认识的出版社报选题。当时我根本无法想象自己拍照，主观认定要是没有哪家出版社提供预算，绝对不可能出版什么摄影集。你想想，建筑或室内设计的照片看起来是不是都很专业、艰深？

后来，出版社们一家一家拒绝了我，他们的看法都类似这样：“只拍那些狭窄的房间是什么意思？心眼儿太坏了吧。”

因此我一度放弃，心想，自己一个人是办不到的吧。

但我就算试图喝酒忘了一切上床睡觉，忘不掉就是忘不掉。一旦开始在棉被里头想“这页要是这样做不知如何？收录那人的房间也不错吧？”就躺不住、睡不着了。

如此状态持续两三天，我再也忍不住了，直奔友都八喜[1]向店家说：“请给我外行人也能用的一整套大型相机。”就这样买了下来，尽管我完全没有拍照的经验。

总之先请摄影师朋友教我装底片的方法，然后我就开始四处跑了。我没有车，所以把装相机的袋子放在二手轻便摩托车的踏板上，把三脚架背在背上。一般室内摄影使用的大型照明器材我买不下来，因为太昂贵了，再说根本无法放到摩托车踏板上。我只买了一个灯，塞进相机包内。

当时还是底片机时代，它们根本不可能像这年头的数码相机一样，在高感光度条件下照样拍出好看的照片。我也没有闪光灯，只好在昏暗的状态下拍，曝光时间就得长达 30 秒到 1 分钟，像在明治时代拍照似的。（笑）如果碰到实在太昏暗的情形，我就会在曝光过程中默数 5 秒到 10 秒，然后缓慢挥动手上的灯，借此补光。书出版后，

---

1 日本大型电器销售连锁店。——责编注

有不少人的评语是："没拍摄房间主人，反而激发读者的想象力。"但其实不是不想拍，是没办法拍。（笑）总不能叫人家一分钟都不要动。

就这样，我用专业人士看了会憋不住笑的器材和技巧拍了又拍。拍照方法完全自学，所以失败的次数非常多，但失败的话只要再过去拍一次就行了。那阵子我不断接案写稿，拿到钱就去买底片。

就这样拍了三年，累积了将近100个房间的照片后，我硬是拜托*ArT RANDOM*的出版商京都书院帮我出版，完成的书就是《东京风格》。我们按照最初的预谋（笑），采用跟*JAPANESE STYLE*等时髦室内设计摄影集完全相同的尺寸，也做成豪华感十足的硬壳精装，让书店误以为是同一类书籍，放在同一区域。似乎有不少外国观光客真的买错，整个儿傻眼。（笑）

最早的硬壳精装版于1993年出版，定价印象中是12000日元，摄影集里边某些公寓的租金都比那数字少！别人认为我们脑袋完全有毛病，根本不觉得这种书能卖出去，结果却意外引起了话题。一段时间过后又推出了主要方便流通到海外的大开本平装书，接着也出了文库本。到那为止都还算顺遂，但后来京都书院破产，过了很久才由筑摩文库重新推出文库本……书的形式不断变迁，现在看到它也会感到非常怀念。日后我的拍照技术或许进步了一些，但现在还能像那样毫无顾忌地拿起相机拍照吗？我自己也不禁怀疑。

前面提到我"硬是拜托"出版社出书，其实条件是领的版税极少，印象中版税率只有3%。而且借我拍摄住处的年轻人根本买不起这么昂贵的书，所以我干脆把初版版税全部投下去，买了100多本书，包下位于池尻的一间俱乐部举办"出版纪念派对"，招待所有让我拍摄住处的人过去玩，并送他们一本书。那晚真是有趣极了！

你想，自己的房间看照片就认得出来，但书中没有屋主照片，看到其他页也不会知道房间主人是谁。于是大家就会打开书问我"这是谁的房间"之类的。追问对方为什么想知道，就会得到"因为拍到了我一直在找的唱片！"等回答。应该有不少人就这样在派对上结识了吧。我的版税因为这场活动归零，后来书又加印了几次，但出版社一再对我说"版税支付请再等一下"，说着说着他们就破产了。许多年后筑摩文库推出文库本，我才拿到版税。京都书院曾授权美国加州的出版社推出英文版，但授权版税也被他们拿去了。

现在回想起来会觉得自己从那样的经验中学到了一课。那之后，我就开始抱持合同、金钱方面也得搞好才行的想法了。出书前我几乎只领杂志稿费，因此不需要一一谈条件。再说，创作者自己开口交涉稿酬、谈钱的事，感觉有点讨厌对吧？大概没有人喜欢做这件事吧，我也不例外。但经验使我痛切地认识到，不管对方会怎么看待你、事情有多难以启齿，你都得好好开口，不然日后只会有不愉快的下场。如果突然谈起稿费、版税等金钱方面的问题，说不定会坏了编辑或出版社的心情？有人也许会担心这点，但听到你谈钱就不爽的出版社不会是什么好东西，别和他们合作才是比较安全的。所以说，金钱的话题也许可当作有效的事前测试。仔细想想，世界上几乎所有工作都会在一开始谈妥“这样多少钱”，这才是理所当然的做事方法。

《东京风格》和 *JAPANESE STYLE* 还有一个差异，那就是完全不需要跟住处主人做事前交涉或约拍摄时间。

拍有钱人的家，经常会遇到要命的情况。“从这里开始不能拍”，或者放一个平常显然不会放的盆子，里头放

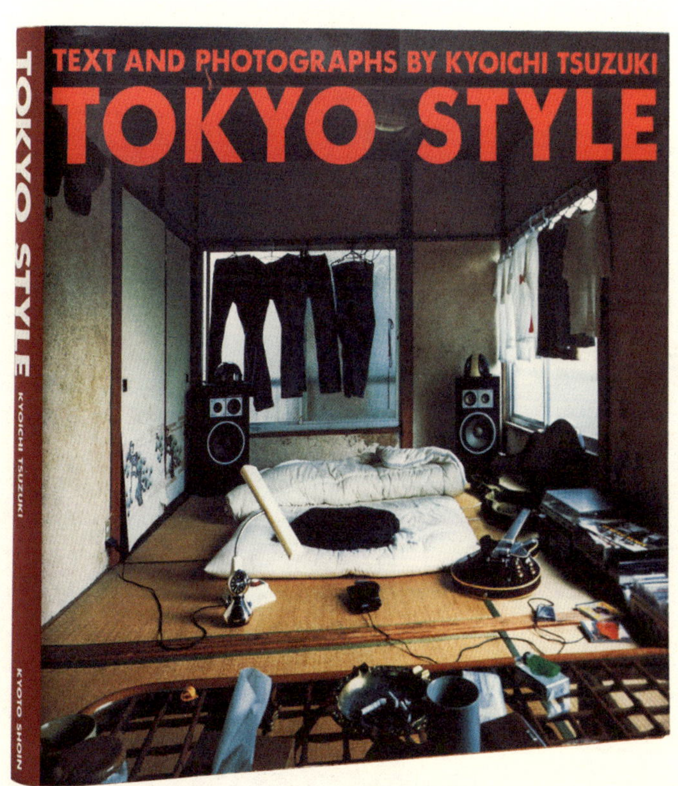

《东京风格》

（京都书院，1993 年；筑摩文库，2003 年）

ROCK 'N' STOCK CHOCK-A-BLOCK

A young woman, a music enthusiast who part-times in a bar, lives alone in this three-*tatami*-mat one-room, overflowing with clothes and fashion accessories and cassettes. The old wood-and-plaster apartment has no private bath and only a share-toilet, but she's friends with everyone on her floor. Some drop by the bar where she works every night, so there's a comfortable, somehow communal atmosphere here. All residents take their meals in the apartment with the largest kitchen and use the sunniest apartment for their sunroom. Very easy-going.

三畳間のロック・ラウンジ：音楽が好きで、バーで働きながら三畳ひと間の小さな部屋を借りてひとりで暮らす少女。狭い空間は大好きな洋服やカセットテープやアクセサリーで溢れている。古い木造のアパートで風呂なし、トイレ共同という物件だが、同じ階に部屋を借りている全員が友人同士。毎晩のように彼女の働くバーで顔を合わせるメンバーでもあり、アパートはさながら小さなコミューンといった気楽な雰囲気に満ちている。いちばんキッチンの大きい部屋でみんなで食事をし、陽当たりのいい部屋はサンルームに、といった具合で居心地よきことこのうえなし。

above: Wide-angle from the entryway. Plenty of sunlight, but there's obstructions to the view.
right: With so much clothes space above the bed, who needs a dresser?

上：入口から部屋の内部を見る。陽当たりはよいのだが、窓の前に障害物が多い。
右：ベッドの上にはたくさんの洋服コレクションがこのとおり。これなら洋服簞笥はいらない。

above: A tiny sink. The glass case is from an old doctor's office by way of a second-hand store.
below: The entryway. No shoes here—they're left at the main entrance—this is an old-style slippers-only building.

上：小さな流しがついている。古道具屋で見つけた医療用ガラス戸棚を食器入れに使用。
下：入口。ただし靴はここでなく建物の入口で脱ぐ昔ながらのスタイル。

69

“三叠榻榻米大的摇滚交谊厅”——喜欢音乐、在酒吧工作的少女住的三叠大小房间

（出自《东京风格》）

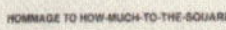

上：喜欢“24 小时超速行驶”摩托车也热爱重金属的少女的工作间，她的职业是少年漫画家

下：“丰饶方丈”少年 DJ 学徒住的三叠大木造公寓房间

（皆出自《东京风格》）

鲜花或堆积如山的水果，然后向采访方索取费用，或者要求检查拍好的照片。

然而，《东京风格》几乎只靠随机应变就完成了。认识某个人后，以他为圆心往外扩散，没费什么功夫就能找到下一个拍摄房间，因此我更加确信：样本有这么多，所以才容易找，才能称之为风格。

比方说，我有时会去初次见面的人的家里拍摄。他们的住处多是四叠半或六叠之类的小房间，如果他们待在里头，怎么拍都会入镜。这时我就会给他们 1000 日元左右，提出请求："不好意思，能不能请你拿这钱去外头喝喝茶，待两个小时？"然后对方就会回答："好啊！"明明是第一次见面。（笑）而且偶尔拍摄的是女孩子的房间，虽然我并不会去乱翻她们的衣柜或洗衣篮。

有次我满头大汗地在拍照，结果屋主在门口旁边 $30cm^2$ 大的洗手台前不断发出嘎嗒嘎嗒的声音。我心想，到底在做什么啊？结果他说："我在煮意大利面，要吃吗？"有次甚至发生这样的事，拍摄结束后，我问："你还有没有其他朋友住这栋公寓？"对方答："呃……隔壁我也认识，过去看看吧。"结果敲门也没人回应。虽然没人在，但我的拍摄对象却说：“他房间都不上锁的，你随便拍没关系，我之后再告诉他。”该说是没戒备心，还是天真无邪，或温柔体贴呢？这种体验让我感到非常新鲜、正向，也开了我的眼界。再说我也不是怀着邪念拍照，而是认为“这样的房间也很棒！”才按下快门的。原来这样的想法不用说出口，也能传达给别人呢。

一本书通常会附读者回函。一般情况下，很少会有读者真的寄回去给出版社。如果有赠品活动的话另当别论。不过《东京风格》收到的回函意外地多。

尤其醒目的是，地方上的年轻读者捎来了许多大意是“东京原来是这样的地方啊！我安心了”的回音。当时是青春偶像剧全盛期，电视上出现的“东京年轻人的房间”全是铺木头地板的套房，里头放着大型落地式电视等假到不行的室内装潢，而且*Hot-Dog Press*之类的杂志还不断在市面上散播“不住这种房间，女孩子就不会来玩喔”之类的煽动性报道。

地方上的年轻人原本已放弃地心想“这种生活我过不了”，看了书才发现，“原来是这样啊！”还有人写“我过得还比较舒服”或“我决定立刻去东京！”等等的，先别

激动啊。（笑）

如今信息在网络上如此大范围地扩散，地方上的居民反而能在 IKEA 之类的地方买到便宜又时尚的家具。在这样的环境下，你很难想象当时的东京和地方的信息流通确实存在着时间差。媒体报道“例外型东京”，制造谎言，而这谎言经过何等的美化，在地方上的年轻人心中种下的自卑感是何等的无谓，我都切身感受到了。我在当时就注意到“大型媒体的欺瞒”，这对我自己有很大的帮助。

《东京风格》是我第一本摄影集。我不仅是编辑，也首度成为作者，做了“彻头彻尾都属于我”的书。我现在认为自己编辑人生最大的转折点，就是当时因策划难产，最后只能完全自掏腰包、自己拍照这件事。

如果当时某家出版社收下了这个策划案，雇用摄影师来拍照或要求我在杂志上连载的话，我就不会是现在的我了。因此，《东京风格》就是我的原点，毋庸置疑，它也带给我这样的信念：没有工具、技术、预算也好，旁人不赞成你的想法也罢，这些都不构成问题。只要你的好奇心、构想、紧追不放的能量多到满出来，其他环节之后都会跟着到位的。

问题3

为何是「ROADSIDE」？

身边的现实是很有趣的

杂志也好，电视也好，通常报道的题材都是“不寻常之物”吧。（笑）非常豪华的宅邸、高级旅馆、奢侈大餐、美艳女人、根本不存在于你我身边的大帅哥、一辈子都没有机会开的车。那没什么不好，只不过我的朋友中没有那样的人，也没有那样花钱的人。

这时候要是能切割开来看倒不会怎么样，他们是他们，我们是我们。但有些人往往会认为自己比较低下，觉得“自己实在无法变成他们那样”。这种构造令人十分火大。

接下来的事，我在谈《东京风格》的时候稍微提到过。某些杂志会刊出帅气的家宅照片，介绍成“受欢迎男性的房间”。其他像家具、穿搭、买车的选择也会用同样的方式包装。

读完那种报道再环顾自己房间一圈，一定会唉声叹气吧。自己的收入不够好，无法住那么帅气的地方。有的人会想：既然如此，那就让某个角落奢华一下吧，然后试着买个高价沙发。如此一来，家具店的业绩就会变好，愿意再投入广告费给杂志。杂志赚了钱，就会再做一样的报道。讲难听点，他们完成的是一个坑杀读者的循环。我不会说这是百分之百不对的事，但在那个循环之外开心生活的人也是存在的，而且说不定在世上占大多数。我只是想让大家看看所谓的“其他可能性”罢了。那种可能性不会存在于“特别的地点”，只会在“ROADSIDE”，也就是到处都有。

室内设计杂志报道的那种房子的居民，其实是少数派。每日每夜都费尽心思挑衣服、挑鞋子的时尚人士也是。（笑）每天晚餐不配精选红酒就吃不下饭的美食家，一样是少数派。我们这些多数派为什么非得以少数派为指标呢？为什么非得比其他人还要高一级呢？

放眼日本，国土的90%都是“非都会地区”。90%的国民都不是有钱人，也不是容貌特别标致的人。媒体却只要我们以剩下的10%为目标，到底是为什么呢？从那时开始，我就经常思考这个问题。

媒体散布的假象之外，存在着广大的现实。在《东京风格》的采访过程中，我才第一次有了接触到那个现实的真实感。渐渐看得出，那就是我该前往的方向。

游移，才能让人逮住你

《东京风格》出版后，我的下一步是把目光放到非都会地区的“ROADSIDE”。某天我和当时的《周刊SPA！》（扶桑社）总编一起喝酒，聊到“日本乡下有大青蛙雕像等等怪玩意儿对吧”，气氛随即变得很热烈，于是我们想，要是收集那样的玩意儿也许会很有趣。真的是用差不多这么轻率的节奏谈成了1993年启动的连载“珍奇日本纪行”。

当时还没有网络存在，市面上也完全没有这种路线的导览手册，我们一开始甚至无法想象偏远地区到底有多少珍奇景点，因此原本预定的是短期连载。“嗯，大概三个月左右吧。”结果一踏上探访之路……不得了了，好多好多。

我在*POPEYE*时也好，在*BRUTUS*时也好，在工作分配上算是跑海外线的，日本国内我只知道京都之类的有名观光胜地或滑雪场，因此去毫无相关信息、不曾到访过的乡下地方绕，感觉就像去了“日语通用的国外”，真的非常刺激。这并不是在嘲讽乡下地方，而是在形容我的震惊程度。先前我根本不知道秘宝馆的存在，在东京也没看过汽车“代驾”服务。

我采访到浑然忘我的地步，不知不觉就过了五年。集结连载内容出版的《ROADSIDE JAPAN——珍奇日本纪行》成了厚厚一大本摄影集。连载结束后，我还一个人努力不懈地继续采访，在 2000 年推出两本一套的增补修订文库版，增加的介绍地点应该有 1000 个以上。顺带一提，这本摄影集连设计都是我自己做的，尽管我本来根本没有相关经验。与其说是怀着“好想自己做！”的心情，不如说，向设计师一一说明每个地方有何独到之处实在太辛苦了，而且抓得到我感性的设计师真的存在吗？这点也让我很不安。当时已经有不少苹果电脑也可安装的设计软件问世，因此排版没有我想的那么困难。不过我说不定给了不少脱离常识的指令，令印刷公司困扰不已呢。

做《东京风格》时还可以靠轻便摩托车在东京都内四

处移动，但要去非都会地方就行不通了。因此我请朋友介绍二手车行给我，提出请求 ：“总之给我坚固国产车中最便宜的。”对方就用 12 万日元的价格把马自达什么什么的轿车卖给我。后来车行的阿姨又说，从停车场开出来时稍微擦撞到了，算你 10 万就好。（笑）日后换了许多车，还是最怀念它。虽然车上有音响（只能放磁带），但喇叭的锥盆破了，吉米 · 亨德里克斯的音乐放起来倒是很棒！

当时汽车导航系统才刚上市，价格高到下不了手。我只好将道路地图塞在方向盘和肚子之间，东北也好、九州也好，全部照去不误。大致上会决定好一个区域，比方说“这个月就去石川县一带”，然后走高速公路到那里去，抵达后只走普通道路。如果不这样，什么都找不到。

这年头只要搭新干线或飞机过去，然后在当地租车就行了。但当时连租车都不便宜，更要紧的是，当时还普遍使用底片机，我会将 4 × 5 大型相机到单眼相机等自己拥有的全部器材塞进后备厢，买一大堆底片放进冷藏箱，自己一个人开车到天涯海角。长距离移动的话，会在高速公路的休息站小睡。

即使在当时，这种采访方式在一般周刊之间仍算是特例。截稿日来得很快，所以通常会让编辑、摄影师、文字写手组成团队，事前进行各种规划。不过我要做的主题根本没人做过，无法事先拟好计划（那时的乡下地区旅游指南只有 *RuRuBu*），日期不能先排，所以不能请专业摄影师。不过，要是一个人踏上旅程，一个人开车、拍照、写文章的话，总是生得出东西。基于纯粹经济方面的理由，我过去一向自己拍照、写文章，后来我的工作大致上也都是采取这种形式。

经常有人问我："你是有所坚持才全部自己来吗？"完全不是那么回事。我没受过正规训练，现在拍照时还是会怀疑有没有拍成，为此担心（底片时代更是严重），说实话，我很想把出差的行程安排或拍照等工作交给别人，自己专心采访、做下一个地方的事前调查就好。但我没有组成团队做事的预算。一个人做得成的话，那也只能做下去了。还好没边开车边打瞌睡撞死在路上呢，我说真的。

做《东京风格》时轻轻松松就能找到拍摄对象，但 *ROADSIDE JAPAN* 得配合周刊杂志截稿，收集题材的过程非常辛苦。而且我是用底片机拍照，回东京还得花时间洗出来。

电视上的旅游节目会有地方餐馆的老板、旅馆的女侍者、搭同一班各站停车列车的人（笑）告诉你：“某某地方很有趣喔。”我起初也……不至于相信那套（笑），但会设法住进历史较悠久的日式旅馆而非商务酒店，以为可以问到各种信息。

当时的旅馆，讨厌单人旅客的倾向很强烈，嗯，不过我还是通过地方旅游导览中心协调，硬是住了进去。然后和送食物来的女侍者交谈。

“这附近，有没有什么好玩儿的地方呢？”

“讨厌，您真色！”

“不，不是这样的！”

“那您是想去什么样的地方呢？”

“比方说……秘宝馆之类的。”

“就说嘛！”

对话总是会像这样发展，彻底碰壁。

请想想，如果你老家过去第三栋建筑是秘宝馆，而你母亲 20 年来不断对你说“不准去那种地方”的话，你只会对它视而不见，它对你来说就跟不存在一样。因此，当地人未必对他住的地方最了解。东京聚集了来自各方的人，问他们故乡哪里好玩儿，他们还是不知道。因为他们正是认为故乡无聊，才费尽千辛万苦跑到东京。

我清楚记得自己最早前往三重县鸟羽秘宝馆时的状况。我不知道位置，所以到车站前的观光导览中心问："秘宝馆在哪里呢？"结果对方答："这个嘛……"完全问不出个所以然。真怪呢，我心想，结果一走出导览中心发现秘宝馆就在旁边！可见他在装傻，因为那不是他们引以为傲的知名景点。

于是，我开始采访后很快就放弃仰赖当地人的念头了。尽量不住日式旅馆，而是住商务酒店，吃饭都吃外食，彻头彻尾靠自己的双手去挖掘。放在酒店前台旁的观光景点宣传单，我也会一一收集。

找不到可报道的地方就不能回去。我经常碰到明天非得回东京不可，却完全找不到题材的危机。抱着绝望的心情不断在国道上开车奔驰，到最后的最后一刻才冒出一个广告牌：前方五公里，纯金大佛！

起先我以为自己似乎还蛮擅长找那类景点的，但出乎

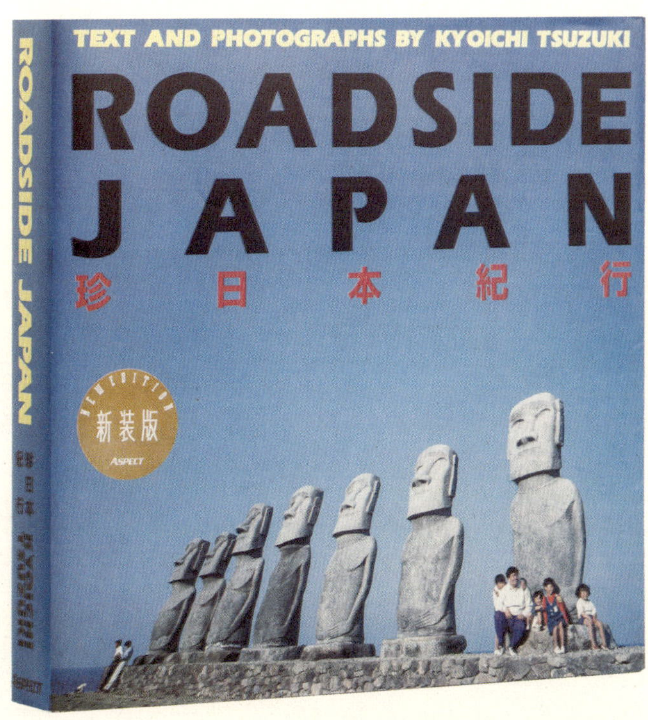

《ROADSIDE JAPAN——珍奇日本纪行》
（Aspect 出版社，1996 年；筑摩文库，2000 年）
※ 该图为新版

立入禁止

“纯金开运世界”大观音寺　三重县榊原温泉
（出自《ROADSIDE JAPAN——珍奇日本纪行》）

上："肿包之神与庶民站在同一阵线"石切神社　大阪府石切

下："寄望胸部绘马之女的业障"乳神　冈山县清音

（皆出自《ROADSIDE JAPAN——珍奇日本纪行》）

预料的邂逅一再发生，有天我才突然醒悟：不是我找到对方，而是我被对方找到。我并没有发现什么，只是被“叫”了过去。听起来或许很奇怪，但我渐渐相信事情就是这样。

就以坐拥纯金大佛的寺庙为例吧，那里当然没什么客人。背着相机在空空如也的寺庙内站着站着，仿佛有人拍了我后背一把，用不成声的嗓音说：“我也在努力，所以你要往前走。”

光是停留在原地，不会遇见什么新事物。傍晚在弯弯绕绕的山路上开车开累了，再撑 30 分钟就能抵达温泉街好好休息的节骨眼儿上，突然发现路边电线杆上绑着手写的立式广告牌：“乡土天才画家·个展开放中，免费进场！”

斜瞄个一眼，开始对自己搬出“反正押不中啊”或“山路上没地方可以掉头”之类的借口，开始想吃饭、泡澡的事。但过了五分钟左右还是在意得不行，硬是掉头绕回去看看。当然了，这种情况下 99% 会希望落空，但有时也会遇见 1% 的幸福。这种机会总是在我最不想绕到其他地方的绝妙时机出现，而这时的胜负关键就在于，心想“八成会希望落空吧”并哀叹的同时，我愿不愿意掉头回去。

经常有人问我发现有趣地点的诀窍是什么，其实我只有“不断跑”一招而已。要是真有诀窍，我倒是希望别人告诉我呢。

ROADSIDE JAPAN 曾被摆在书店的摄影集或旅游书区，还有亚文化区；《东京风格》常被摆到室内设计区，跟《优质太太的收纳术》放在一起。（笑）书店要怎么摆我无法左右，不过这两本书的出发点在我心中是完全相同的。

有一种生活极为普通，在媒体眼中也许毫无可取之处，但它就是完好地存在着，不会让任何人蒙羞。我在东京这座都市的室内发现了这种生活，做出《东京风格》；而将范围扩大到日本非都会地方，并在户外探求到的此类生活面貌则收录在 *ROADSIDE JAPAN* 中。

书名另有“珍奇日本纪行”几个字，因此有人认为它是珍奇景点搜集的先锋。但对我来说 *ROADSIDE JAPAN* 呈现出的是一大片风景，构成它的一个个路边景点都是一种“场所”，让我们得以在媒体或高级知识分子硬塞过来的价值观的外侧，过着合乎本性的生活……或者说只有我们自己才了解的、合乎本性的生活。介绍一个个景点的珍奇性反而是次要的。

通过《东京风格》，我想消除狭窄公寓居民心中矮人一截的感受，同样，我做*ROADSIDE JAPAN*时有一个很强烈的想法，就是希望那些认为“不去东京是行不通的，但自己没那个能耐吧”的地方上的年轻人读完书后，能稍微修正他们对脚下土地的看法。

只报随处可见的事物，只去随随便便都能去的地方

*ROADSIDE JAPAN*是《周刊SPA！》的连载专栏，每逢黄金周、暑假、年假等时间点就会推出“假期特别报道”，介绍亚洲或欧洲的珍奇景点。我总是一个人旅行，出国也花不了太多经费，算是个优点。

日本有金阁寺这种名刹，也有以纯金大佛为卖点的无名寺庙。同理，泰国有黎明寺这种知名观光景点，也有耗费心思打造地狱庭园但完全没人来的无名寺庙。欧洲有著名的卢浮宫，也有馆藏毫无重要性、没一点知名度的私人博物馆。就跟日本一样，当地媒体持续忽视那些地方。不仅日语的旅游指南，连当地的出版物也没提到它们。

我在亚洲也走了不少路，从中国到缅甸都去过，而且在《周刊 SPA！》前总编创刊、现已停刊的《PANjA》（扶桑社，1996 年停刊）上还做过澳大利亚特辑。希腊、俄罗斯在内的诸国我也绕了好几个，连载结束后还是自掏腰包继续去旅行，最后将采访内容整理起来，在 2004 年出版了厚厚一本《ROADSIDE EUROPE——珍奇世界纪行（欧洲篇）》，售价 5800 日元，旁人经常说“太贵了！”（每次出书都被说），但这样卖应该也只能勉强回本而已。日本国内并没有这种类型的书，就连欧洲也没有。

亚洲也好，欧洲也好，有许多地方是我这个不了解当地情况的外国人不可能贸然租辆车就跑过去晃的，语言也不通，尝了相当多绕日本乡下时没碰到的苦头。

一般情况下，那正是让统筹人登场的时机，但我当时坚持一个人旅行。只会在语言彻底不通而伤透脑筋时，请酒店前台或信用卡公司分店帮我租车，而且要按时薪付钱给翻译或司机。（在无网络时代，AMEX 等公司的国外分店是安排旅游行程不可或缺的服务据点，从订机票到兑换外币的服务都有。）因此，去某些地方采访时完全没跟当地人说到话就回来了，这样的情形还真不少。我还会收集

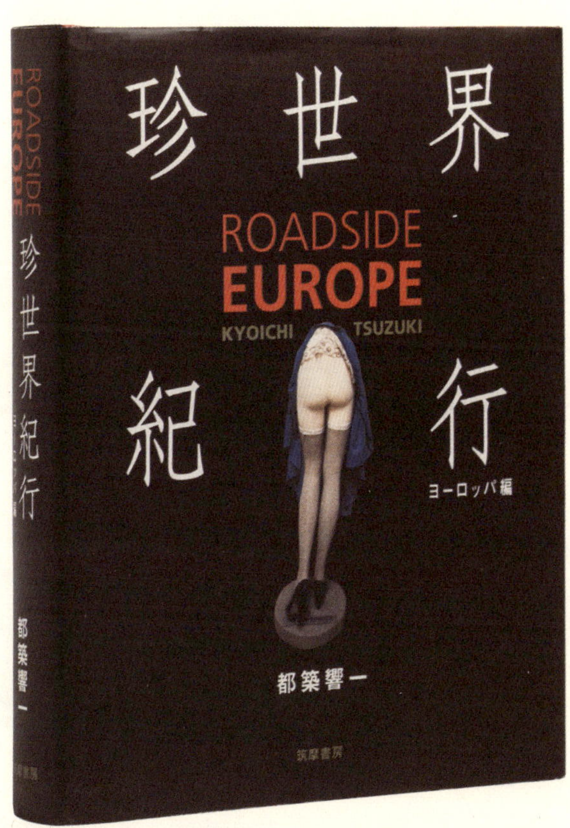

《ROADSIDE EUROPE——珍奇世界纪行（欧洲篇）》

（筑摩书房，2004 年；筑摩文库，2009 年）

上："业余标本师沃尔特·波特的奇异标本收藏" 英国

下："十字架山丘" 立陶宛

[皆出自《ROADSIDE EUROPE——珍奇世界纪行（欧洲篇）》]

一些小册子，找人读给我听，或向东京大使馆打听消息。

沟通是采访的基本，如何让受访者敞开心胸是最重要的一件事，不用说各位也知道。我不是搞广告制作的，所以几乎无法提供答谢金。

很久以前，大家就把“深入受访者内心”这种非常有道理的方法挂在嘴边。觥筹交错，偶尔吵架，一起流泪，然后才能听到对方的真心话……我很讨厌这一套呢。

从杂志编辑时代我就一直想，交心是抄近道的做法，但大概也有其他方法吧。为什么呢？我可能其实是个很怕生的人。（笑）

我因为*ROADSIDE JAPAN*去了各种地方，一开始会很规矩地说明来意：“我们是周刊杂志，想进行采访。”《周刊SPA！》在地方上完全没有知名度，所以要说“以前的《周刊产经》”，对方才会有反应：“请进请进。”

还不知道报道写不写得成，他们就非常详细地向我说明，简直可以说是热心过了头，连平常完全不打开的房间都开给我看。“什么时候会刊出来？”万分期待地问完还说：“乡下地方什么都没有，带个寿司走吧。”好不容易推掉准备回家时又被塞了一个信封：“至少让我出个烟钱吧？”

打开一看发现里头有钱……我当然不可能收了。

对方并没有恶意，只是认为大众媒体就该如此应对。只要像那样搬出媒体的名号，就能去普通人去不了的地方、看他们看不了的东西。那种“特权”对我不适用，或者说我无法习惯它。因为用那种方式采访、报道的事物，一般人是看不到的，想去看也去不了。

后来我渐渐开始想，有没有办法不走那种路线，而是靠一般人老老实实付入场费就能看到的东西、听到的消息来写报道？

因此，*ROADSIDE JAPAN* 报道的地点中，事前取得采访许可的不到一成，另外九成都是擅自摄影、擅自刊载，直接就印到周刊上。不过几乎没接到抗议。印象中介绍伊豆恋人岬那次，有个阿姨打电话到编辑部说：“我在美容院读到这篇报道，里头有我女儿和我不认识的男人在恋人岬比V字的照片！”她气得半死，但气的不是我们擅自登出照片。“那个男的是谁啊？”她这样问。（笑）一篇报道是基于善意还是恶意制作的，读者清楚得很。

会去的笨蛋，不去的笨蛋

ROADSIDE JAPAN 告一段落后，文艺春秋的编辑找上了我。以前我曾经在文艺春秋旗下杂志《马可波罗》（是的，它也停刊了）有一个专栏连载，叫“学舌创作者天国”。说起来它有一段受难史……连载原本是在 *BRUTUS* 开始的，起因是广告、家具设计也好，J-pop 也好，其中自称创作者但只是在抄袭别人的家伙也太多了吧。这是一个得举出实例、实名的策划，风险非常大。因为要指出某海报和另一张海报长得一模一样，当然不可能得到制作者的协助，害得我都老大不小了还私自把车站贴的海报撕回家。（笑）

后来有次我把矛头指向丰田汽车的广告，结果 Magazine House 被威胁说以后再也接不到丰田的广告了，杂志只好腰斩这个专栏。就在这时《马可波罗》邀我直接把连载移过去。虽然从双周刊变成月刊，但我心想，既然是文艺春秋，应该不会轻易屈服于威胁吧。结果他们却刊了一篇《纳粹毒气室并不存在》的夸张报道，不断接到抗议，导致杂志停刊（文艺春秋的社长好像也因此辞任了）。最后专栏转移到一本小规模的美术杂志《Prints21》上，结束时总共刊载了47回，从1992年持续到2002年，共10年。双周—月刊—季刊，杂志的发刊速度变慢，发行数也少了一个又一个零。（笑）

顺带一提，我连载的专栏种类繁多，当中接到最多出书提案的其实就是这个“学舌创作者天国”。有人提案我很开心，但专栏内有很多广告之类的时事题材，过几年后看就会无感了。所以我反而向他们提议，与其汇整旧内容，不如来做现在的“学舌”专栏吧！所有人都抽手不干，巧妙地彻底失联。（笑）

言归正传。文艺春秋的编辑说他们有新杂志要创刊，要我帮他们写点东西。“什么样的杂志？”我问。对方答：“像*BRUTUS*的文化杂志。”（就是后来的*TITLe*。）于是我拜托他让我做一直很想实现的《珍奇世界纪行》美国篇。

比方说，有一系列导览手册叫《漫步地球》对吧，其中介绍欧洲的手册非常多，依照国家分的是基本款，另外还有“小村巡礼”之类的主题。不过美国只有纽约、波士顿、西海岸、佛罗里达和“南方”之类的大分类，就这样没了，现在大概有更多本吧。不过那几个著名大都市在美利坚合众国反而是例外式的存在，庞大的“美国”对我们来说仍是完全未知的，它们才是压倒性的大众。就像东京不是日本的典型，纽约也不是美国的代表。

音乐也好，电影也好，我的养分几乎都源自美国文化，但我对真实的美国却非常不了解。不只如此，越是精英越看不起美国。明明美国这个国家或政府，跟一个个美国人根本是两回事啊。因此我暗自怀有一个野心，那就是不管花几年也无所谓，我一定要将美国 50 个州全跑遍，结果文艺春秋这时来跟我聊，可巧了！（笑）

于是呢，嗯，我就说：“好啊，来做吧！”杂志刚创刊，预算充足，因此开始我每个月都定好一个州，飞过去探访，但身体实在撑不住，大约第二年起改为一年去三四次，一次待三个星期到一个月，然后探访好几个州。

我还是一个人上路，抵达机场后就租车开，到了傍晚就沿公路寻找当天过夜的汽车旅馆，如此重复。后来从 2000 年起，公司大概发现他们为了区区四页报道花了太多经费吧，总编每换一任就会拍拍我的肩膀说“差不多了吧”，但我紧咬不放：“当初是答应让我跑完 50 个州的对吧。”好不容易才撑完全程，花了七年。然后呢，*TITLe* 在我连载结束的次年，也就是 2008 年也停刊了……但愿

不是我害的。(笑)

当时网络已普及，可以做一定程度的事前调查，而且就在我上路采访的前一刻，美国出版了一本书叫*ROADSIDE AMERICA*，它就像美国版本的《珍奇日本纪行》，我参考了里头不少资料。不过呢，果然还是有许多事情不去当地是不会知道的。我抵达一个城镇后，第一件事就是去书店买地图和当地旅游指南。还有，星巴克之类的年轻人聚集地往往会放免费刊物，这也帮了我不少忙。不过在这里也跟绕日本时一样，最有用的就是汽车旅馆前台旁边放的当地观光景点宣传单。网络无法将那种区域性的信息全部都涵盖进去，而且也有很多珍奇景点没开网站。

不过，美国的乡下和日本的乡下有很大差别。日本地方上的居民中，有相当多人认为住乡下就是矮人一截，并不怎么爱自己脚下的土地，怀有“还是东京比较好……”的想法。不过美国人完全相反。

我们日本人一旦变成大富豪，会做什么呢？大部分的人都想尽量在靠近东京中心的地方盖宫殿吧。但美国人会想在尽可能远离人群的地方置产，房子盖得越大越好，房间数越多越好。“邻居（在）几英里（之外)”是最棒的炫耀之语。因此有钱人大多在蒙大拿州或怀俄明州坐拥巨大的牧场，搭乘私人飞机上下班。

基于这样的心理，美国人不会认为自己居住的城镇人口稀少是件丢脸的事，反而引以为傲。驾车奔驰在公路上会发现，城镇入口处大多会立“POP 1538”之类的牌子。一开始我不知道那是什么，其实那指的是该镇人口数(population)。纽约大概是太大了，所以没立那种牌子吧。最棒的是，“POP 1”的牌子真的存在。居民一人……也太少了吧！旅行途中我逐渐明白，在那种地方用自己的方式生活下去，是美国人心理的具现。

“鄙视链”没完没了

傍晚一到，我就会寻找入住的汽车旅馆并绕到沃尔玛那类大超市去，买晚餐配菜。

一开始我还会找巴格达咖啡馆之类的“公路食堂”，但那种餐厅其实在美国已濒临绝种，要吃外食只有麦当劳、塔可贝尔、必胜客等选择。我发现每天吃这些对身体实在太糟了……于是途中买了小型携带式电饭锅，从东京带免洗米、含高汤味噌。

在乡下要找好吃的餐厅很难，但食材丰富，我会随意买个鱼、菜、肉，回汽车旅馆房间后先煮饭，煮好装到其他容器去，接着烫肉和菜，然后将味噌溶进热汤……为了进行这种“汽车旅馆烹饪”，我不断跑超市，对美国人会买什么、吃什么渐渐有了切身的体会。只要观察购物中心停车场聚集的青少年，就会知道美国年轻人现在只听嘻哈了，白人、黑人、西班牙裔都没有分别。

移动当然全靠租车。租的车实在太多了，途中开始觉得这有意思，给每辆车都拍照记录。汽车旅馆的房间也拍了，看起来全都一个样，但还是有趣味性。

在美国旅行，大概只有在纽约、波士顿、旧金山、新奥尔良才不用开车吧。其他地方，也就是美国国土的九成，都得开车去绕才看得出个所以然。

因此我每天的步调都是从早到晚开八九个小时的车，采访时间一小时。再怎么喜欢开车的人都会腻。（笑）美国人却似乎不会腻，不知为何。这点真的让我感到不可思议。一般美国人最讨厌的不是被迫长时间开车，而是长时间坐在副驾驶座。他们说握方向盘比坐在那里开心多了。

唉，但我握方向盘久了会腻，而且也没有旅伴。这时最大的助力就是广播电台。

在日本旅行时，我深深觉得地方上的FM电台的无聊是绝望级的，虽然东京也差不了多少。明明播放音乐应该才是原本的目的，主持人却不断吐出不知所谓的废话，介绍笔名很丢脸的读者投稿，最后播放唱片公司的主推歌曲，主歌副歌都唱一遍后就切掉，收工。类似这样。

我为了做《珍奇日本纪行》在日本各地晃的那阵，我的画家好友大竹伸朗也在文艺杂志《海燕》（倍乐生旗下杂志，它也在1996年停刊了）上写专栏，以非都会地区的绘画为主题，因此我们有段时间经常一起旅行。很受不了日本乡下电台的无聊，要出发去某地前，大竹都会自制好几卷磁带合辑，有趣极了。不过连听一个星期还是会腻。10万日元买来的破车没有CD播放器，我们经过廉卖电器行时突然想到，买台电池式的CD收录机不就得了！之前怎么都没想到呢？连自己都傻眼了。我们买了最便宜的CD收录机，在高速公路休息站买了演歌等各类CD，一面播一面开车，结果路面只要稍微有点起伏音乐就会跳掉，

根本用不了。我们两个人在那之前都不知道车用 CD 播放机跟一般的不一样。(笑)

回到美国的话题。不管多小的城镇，都有好几家当地 FM 电台。不管去到什么地方，都有数十家电台让你从中挑选喜欢的听。日本乡下才两三家啊。

有人说，每四个美国人就有一个会在开车时听乡村音乐，因此最多的就是播放乡村音乐的电台。除此还有各式各样的电台，不过意外受欢迎的是经典摇滚台，也就是专播 60 年代至 80 年代摇滚乐的电台。不是一个节目播，而是整个电台 24 小时都在播放令人怀念的摇滚乐。

那完全就是我这代人的音乐，因此听着听着经常有陷入异常怀旧情绪的瞬间。日本的 FM 电台可不会播齐柏林飞艇吧？我越来越想听那时候的音乐，于是跑到超市或购物中心的唱片柜台淘 CD。

乡下购物中心的唱片行内聚集着一窝听嘻哈的年轻人，而我带着乔治·哈里森的《万物必将消逝》到柜台结账，留长发、看起来当过嬉皮、废柴系大叔店员便向我搭话："这很棒对吧。"

我认为美国境内应该有数百家类似的经典摇滚电台，

但到现在为止最多人点播、地位不受动摇的歌曲就是平克·弗洛伊德《月之暗面》专辑里的吧。

那张专辑在1973年发行，已是我在美国乡间听车上广播的30年前。我试着想象了一下什么样的人会点里头的歌：首先他应该不是年轻人，八成是跟我同年纪或稍微年长一些的中年白人，感觉不是白领阶层，而是做粗活儿的，结束一天劳动后总算回到家中，总之先“咻”的一声打开罐装啤酒，然后点播“每次都点的歌”……这只是我的想象啦。（笑）

不过，我认为二三十年都听同样的音乐、持续喜欢它是最棒的行为。虽然够不上“时髦”的边，但比起“年轻时说非听摇滚不可，不久后说成年人就该听爵士，最后在高级卡拉OK跟大姐姐双人对唱”的人生赢家，到死都听平克·弗洛伊德而且无比满足的人生输家在我眼中高尚多了。我在美国乡下见过非常多这种人。

关于一个又一个“美国珍奇景点”的回忆实在太多了，说都说不完，在此略过不提。我要说的是，策划开始前我曾找纽约或洛杉矶的朋友商量这件事。结果所有人都说别搞那个，还有人说“美国南方的人都有枪，而且还有种族歧视观念，很危险”，并补了一句“而且那些地方不可能有趣”。

然而，我实际踏上旅程的七年内跑完50个州，感到害怕的经验真的一次也没有，疲劳驾驶打瞌睡、担心在山路上耗尽汽油的恐怖倒是尝过好几次。大家恶言相向的南方人反而非常友善亲切。

归根到底，和日本、亚洲、欧洲一样，美国也有大城市看不起乡下的情况。这种情形哪里都有：纽约人瞧不起洛杉矶人，洛杉矶人瞧不起拉斯维加斯人，拉斯维加斯人又瞧不起……大家总是看不起比自己弱小的存在。

前面提过，你报道的对象感受得到你的意图。你若打算从负面角度报道，对方当然会火大，怀抱敬意接近自然会受到欢迎。何况，我可是特地从东京跑到亚拉巴马之类的地方。我靠的不是语言，当然也不是钱。说“诚意”也许有点老套，不过你对采访的人、事、物究竟感不感兴趣，对方绝对感受得到。

杂志连载时的专栏标题是“珍奇世界纪行：美国巷弄探访”，不过连载结束不久后，内容集结成的书改名为《ROADSIDE USA——珍奇世界纪行（美国篇）》，这又是

《ROADSIDE USA——珍奇世界纪行（美国篇）》
（Aspect，2010 年）

Cermak Plaza Berwyn, Illinois　現代美術館と化したシカゴ郊外のショッピングモール

ショッピングモールと現代美術というのはかなり奇妙な組み合わせに聞こえるが、シカゴ郊外のバーウィンにある、いささかくたびれた感じのショッピングモール〈サーマック・プラザ〉は、おそらくシカゴでいちばん有名な屋外インスタレーション・アートが観賞できる現代美術ギャラリーでもある。

だだっ広い駐車場の真ん中にそびえるのは、巨大な釘に串刺しになった8台の自動車。「スピンドル」と名づけられた、カリフォルニアのアーティスト、ダスティン・シューラーの作品だ。1950年代にモールを創立したデヴィッド・バーマントが現代美術のコレクターでもあったことから、この「ショッピングとアートの結合」が実現したわけだが、もともとこの地域はブルーカラーの労働者が多く住む、保守的な土地柄。ゆえにバーマントの刺激的なコレクションには、賞賛よりも非難の声が巻き起こったという。

ちなみに「スピンドル」は1989年に7万5000ドルでコミッションされたそうだが、ほかにもプラザには20近くの作
いて、無機質な郊外風景にポップな彩りを添えてい

それにしても、いま見てみればアメリカのサバー
いえるショッピングモールと、ポップな現代美術作
ることか。アーティストたちに制作を依頼したモー
で読んでいたとしたら、たいしたものだ。

SEA BEE
Shipwreck Pittsfield, Massachusetts　コンクリートの荒波にいまにも沈みゆく難破船
ァンにはおなじみ、小澤征爾が君臨するニューイング
社交場、タングルウッドにほど近い。ピッツフィール
、あとわずかでニューヨーク州とヴァーモント州の州
チューセッツ西端に近いエリアである。ピッツフィー
く、幹線道路脇のショッピングセンター駐車場の地面
様な物体が突き出している。クルマをまわして近づ
いてみると、それは船の舳先だった。《駐車場の難破船》と呼ばれてい
るこの巨大なオブジェ、ダスティン・シューラーというアーティストが、
1990年に制作した、現代美術作品である。
〈シービー（海蜂）〉と船名が刻まれた舳先は、なるほどだだっ広いシ
ョッピングセンター駐車場の、クルマの海というかコンクリートの海に、
いままさに沈没しかかっているようにも見える。日常見なれた物体を、
異常な状況に置くことによってひとびとの常識に揺さぶりをかけるのが
得意なこのアーティスト、ほかにもシカゴにある、串刺しにされてシシ
カバブのように見えるクルマの作品が有名（左ページ参照）。しかしなぜ、
よりによってこんな田舎町のショッピングセンターを選んだのかは不明。
ま、手入れ不足で亀裂が走り、波打つコンクリートが、いかにも荒波と
いう風情ではあるが。
※2002年取材
237

左页："被当代美术馆化的芝加哥郊区购物广场"　芝加哥

右页："如今持续于水泥骇浪中沉没的遇难船只"　马萨诸塞州

［皆出自《ROADSIDE USA——珍奇世界纪行（美国篇）》］

厚厚一大本摄影集。七年来花在采访上的费用应该相当惊人，文艺春秋的单行本图书部门却说“我们不出这本书”。我一度做好自费出版的心理准备，结果事情又有种种变化，最后摄影集由 Aspect 出版问世。

我认为今后再也不会有杂志让我跑那种采访行程，所以开始自己做电子邮件杂志。不过要是接下来还有机会的话，我非常想做做看“ROADSIDE CHINA”。中国和美国一样，是日本媒体不断污蔑的对象吧，说什么暴发户、爱抄袭，让人家买了一大堆东西再嘲笑他们“爆买”。要知道，我自己的中国朋友都非常绅士、温柔、亲切。一个人要讨厌什么、讨厌什么地方随他高兴，但我认为他必须亲自去该地见识过才能讨厌。

《珍奇日本纪行》还在连载时我就去中国采访了几次。如今想去哪里几乎都能去，而且拥有一定程度财富的中国人也增加了。

人民拥有一定程度的财富，其实对珍奇景点而言是非常重要的。到各式各样的地方巡礼过后，我掌握了孕育(笑)珍奇景点的要素：

①首先一个社群要有接纳度……或者说忽略怪人的空

间面和精神层面的余裕；

②要有够宽敞的地方才能做怪东西；

③社群必须有金钱上的富余，制作者才能轻松地弄到废弃物，也就是做怪东西的材料；愿意付入场费的客人才会存在。

就是这三点。因此，一个国家里的任何废料如果都被某人拿去重新利用（藤原新也先生告诉我，印度的垃圾很少），那么徒有做怪东西的空间也无法催生珍奇景点。没有富余放任傻子制作怪装置的贫穷国家，也难以孕育珍奇景点。

宽阔的土地和拥有一定程度闲钱的生活，是孕育珍奇景点不可或缺的条件，所以美国才成为凌驾日本之上的珍奇景点王国。中国在急速发展下，应该也渐渐凑齐这些条件了。如今，“发现中国怪玩意儿”之类的报道全都充满恶意，我一直想，要是能做点不一样的就好了。要去采访我必须先学好中文不可，所以我已经买了几本教科书了……

就算碰不到也要伸手

一直以来，我使用“ROADSIDE”一词指的是“数量繁多、谁都不屑一顾，但只要好好去看就会感受到浓厚趣味性”的事物，但这种事物不是只有珍奇景点而已。

我在杂志上写了不少室内设计和建筑的相关报道，所以在东京接触国外设计师或建筑师的机会相当多。他们最想看的不是安藤忠雄新作之类的房子，而是情人旅馆，这种要求压倒性地多。知名建筑师的作品在海外也看得到，但那种情人旅馆只存在于日本（最近也扩散到亚洲圈了，但都是受日本影响的）。

日本算得上是世界建筑杂志大国，有非常多制作精美的建筑类专业杂志。其中在海外最有名的叫*GA*，开本很大，每一期都像一本作品集。

有次*GA*的编辑联系上我，问我要不要一起编一期。我听了非常开心，提出一起开个会的要求，于是有五个左右的年轻编辑来到我家。对方问：“有没有什么点子呢？”我心想这机会来得正好，便试着提议：“我想好好拍照介绍情人旅馆！”这是日本才有的东西，设计风格已经成形，这圈子里也有教主级建筑师，而且外国人非常感兴趣。那几位编辑也很开心地说：“很有趣呢！”但后来就失联了。（笑）一点消息都没有。

这件事让我整个火气都上来了。我说服当时帮我工作的女性助手，花了一年多时间探访关东和关西的情人旅馆并拍照。

在此无法详细说明，但总之过往情人旅馆的室内设计风格正在迅速消失，濒临绝种。专门介绍那种情人旅馆的旅游指南当然不存在，连网站都没有，所以我们只能先分头到情人旅馆街转转再说。看门口的房间照片展板挑选感觉内部装潢很有趣的旅馆，然后一一打电话联系，说这些设计正逐渐消失，我们希望至少用照片将它们留存下来，拜托对方允许我们摄影。

结果每间情人旅馆都释出好意，令人意外。情人旅馆基本上以无法预约为特色，有些老板却特地帮我们保留内装很棒的房间，让我深深感受到他们对情人旅馆的爱意。印象中拒绝我们采访的只有一家。我清楚记得，那家情人旅馆的建筑设计由我没听过的“普普通通的一流设计师”操刀。情人旅馆运营方虽然很希望我们采访，但建筑师不肯答应，因为他视情人旅馆为自己的作品，想要隐藏。真想说你以为自己是哪根葱？最重要的是，这样对屋主很失礼吧？

就像这样，我越来越讨厌那些“老师”。唉，言归正传，在情人旅馆拍照是非常困难的。墙壁上全贴了镜子，而且当时数码相机的分辨率还没追上底片机，所以我还在用大型相机拍照，要藏器材也非常辛苦。我准备了 $2m^2$ 以上的大黑布，正中央挖个洞让镜头摆在里边，这样拍照时我们才不会映在墙面贴的玻璃上。

我一步一步探访关东、关西的情人旅馆，同时思考该如何发表这些照片。单出一本摄影集大概也很难操作吧？后来我想到了 *STREET DESIGN FILE* 这个系列。

一般日本人之中，固定只住半岛酒店、文华东方酒店、君悦酒店等超高级酒店的人屈指可数吧。然而，情人旅馆反而是没去过的人屈指可数吧？（不是吗？）因此对普通日本人而言，情人旅馆就像“狭窄的房间”和“无名乡间”，理应是普遍性更高、更接近日常的事物。并没有谁好谁坏的优劣之分，但这一方确实是多数。

平常住不起的一流酒店或旅馆的旅游指南堆积如山，

《STREET DESIGN FILE 03: Lucha MASCARADA 墨西哥摔角与面具的肖像》
(Aspect，2001 年)

却没有一本介绍我们平常就会去过个夜的情人旅馆。看电视也好、读杂志也好，上头介绍的全是只靠闲钱的话一辈子都住不起的酒店。那样的东西看久了，输人一等的感觉或挫败感可能就会油然而生。搞半天，媒体描绘出来的图示都是一样的。

正因如此，要是能从这样的视角跳脱出来看情人旅馆肯定会很有趣，而且我也想到不同国家应该有各种不同的情人旅馆。明明受大多数人欢迎，明明为数众多，却被贴上低俗、没教养的标签，至今都没被好好报道过。于是我收集了类似的事物，策划了 *STREET DESIGN FILE* 这个系列，意在呈现“街头的设计”。

全系列 20 本书中有情人旅馆专题，也介绍墨西哥摔角面具、泰国八卦杂志封面插画集、墨西哥亡灵节的骷髅艺术品、南印度的巨大电影海报、德国的庭院矮人像（长相类似七个小矮人的庭院饰品）以及香港祭奠祖先用的纸扎房屋、车子、手机……我想到的主题都一一做成书籍。日本方面，除了情人旅馆外还有过往 B 级电影的剧照集、桃色电影海报、暴走族的摩托车、暴走卡车、情趣用品等等！光是收集这些就非常开心了。

不知道暴走族为何的日本人应该不存在吧。然而有个事实大家并不想了解：这些人虽然被排除在社会之外，他们手工制作的摩托车可不输美国的改造哈雷摩托，带有狂暴的艺术感。暴走卡车也是同样的道理。

情趣用品以按摩棒为大宗，不过它证明了日本制品在全世界性爱玩具市场占据了龙头地位，就像游戏和动画那样。

日本的按摩棒有前端变成熊、海豚、木芥子娃娃造型的，对吧？所以才有“电动木芥子娃娃”的称呼，不过做成那样并不是想要搞笑，而是一种苦肉计：政府不肯认定它是医疗器具，只好当成“玩具”来卖，说这是“电动的

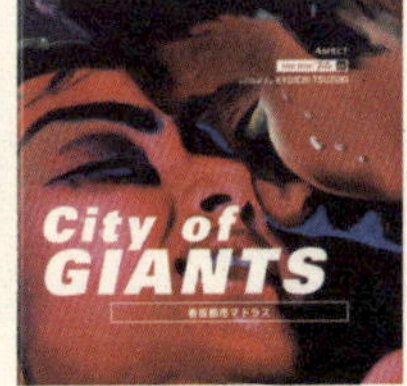

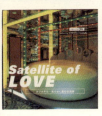

STREET DESIGN FILE 系列（部分）

（Aspect，1997—2001 年）

My Friend

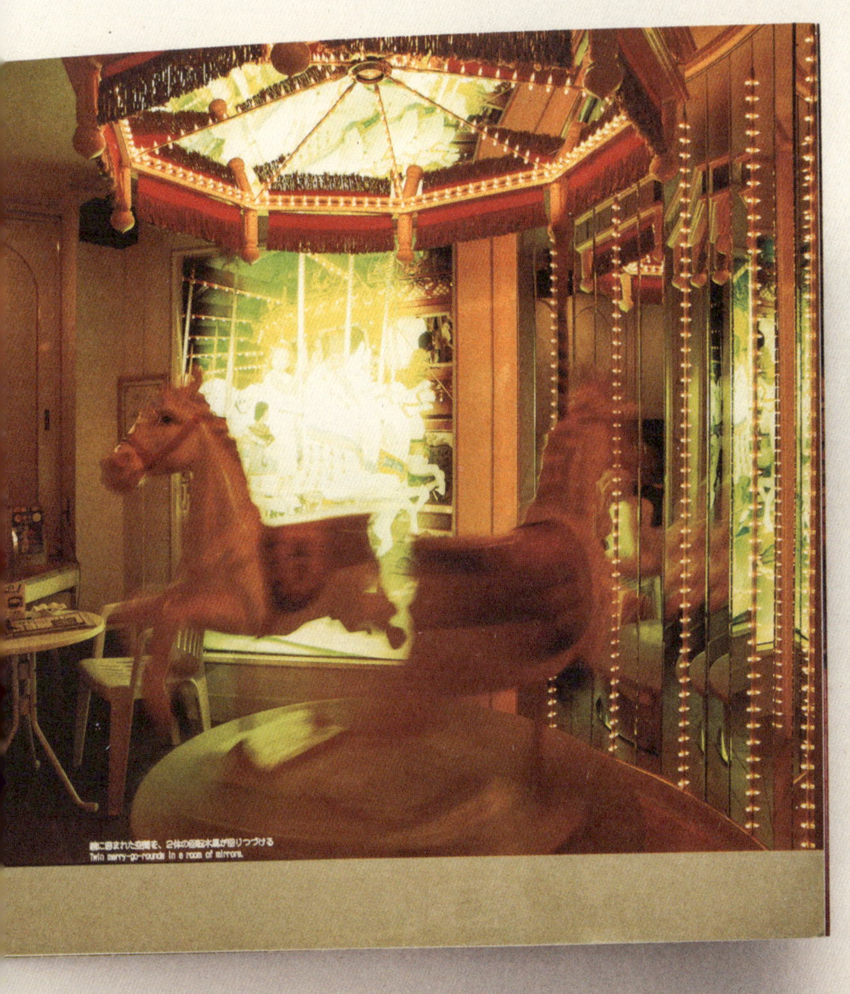
Twin merry-go-rounds in a room of mirrors.

“奇幻风情人旅馆”，摄于大阪府大阪市舞风恋人旅馆

（出自《STREET DESIGN FILE 17: Satellite of LOVE 情人旅馆 · 日渐消失的空间学》）

《STREET DESIGN FILE 15: Portable ECSTASY 大人的玩具箱》
（Aspect，2000 年）

木芥子娃娃”。不知不觉中“长脸的日本产按摩棒性能很好”的说法在世界各地传开，如今已逐渐发展成一种优良的、高完成度的工业设计规格，却没人从这个角度去看待它。我非常不甘心。

采用的主题有情色，有怪诞恶心，有恶俗，都是知识分子看不起的玩意儿，但我想把版面尽量做美一点，也等于是对我的报道对象表达敬意。

因此我决定将书籍设计工作委托给一路走来结识的海内外设计师，而且尽可能让他们做陌生的领域。不了解该领域，反而能用较中性的眼光看待。比方说，我要是找日

《STREET DESIGN FILE 07: Instant FUTURE 大阪世博会，或1970年的白日梦》（Aspect，2000年）

本设计师来做日本电影剧照集专题，他当然不可能把美空云雀的照片跨页放、脸被订口切成两半。所以我做 *Frozen BEAUTIES* 时，刻意委托跟音乐圈关系密切的英国年轻设计师来操刀。他完全不懂电影。

以1970年大阪世博会为主题的 *Instant FUTURE* 也委托当时完全没有知名度的日本年轻设计组合 ILLDOZER。对了，按摩棒那一本（叫 *Portable ECSTASY*，这一系列书的书名都是绞尽脑汁才想出来的，很累人但也很好玩儿）原本委托当时为三得利乌龙茶做了一系列美丽广告的艺术总监葛西薰，他说：“以我的立场不太方便接（笑），但我

《精子宫 鸟羽国际秘宝馆 · SF 未来馆的一切》
（Aspect，2001 年）

介绍我最信任的年轻人给你。”于是我认识了野田凪。她不太懂按摩棒，但对这个案子非常感兴趣地点头接下，后来也帮我设计了鸟羽秘宝馆的摄影集。本来还想和她一起做更多书的，可惜她英年早逝，实在太遗憾了。

如前所述，*STREET DESIGN FILE* 系列有许多主题是我对现况焦躁不耐而选的——大家明明应该很喜欢这个，为什么没人报道？也有一些是基于危机意识选的——有些东西现在不记录下来，之后就会消失了，例如老式情人旅馆。

到现在为止，焦躁和危机意识始终是我做书的两大动机，这点不曾改变，不过 *STREE DESIGN FILE* 也许是以最明确形式呈现出这两大动机的系列图书。经常有人在访问我时说：“能一直做喜欢的书真好啊！”说实话，我不是因为喜欢才去做，而是不得不做，只好着手。只是因为没有别人要做罢了。

有阵子我一有机会就会强调这个想法，但我不管怎么说都是白搭，现在能不提就不提了。因为我明白了一个道理：就算不说这些，会看我做的书的人就是会默默看下去。

STREET DESIGN FILE 系列头几本采用硬壳精装，出版社 Aspect 出完这几本原本想收手，但经过多次交涉后决定继续出版，现在二手书店能找到的应该几乎都是平装本。做这个系列的 20 本书花了我 4 年左右，从 1997 年到 2001 年。现在回想起来，我在那阶段似乎斩断了一些迷惘。

为《东京风格》或 *ROADSIDE JAPAN* 进行采访时，我还只有三十几岁。有人称赞我会开心，受人贬低就会陷入沮丧。有人在 *ROADSIDE JAPAN* 的读者回函写道：“相机不该拿来拍这种脏东西，买这本真是亏大了。”看了当然会很沮丧对吧？现在我的情绪也还是会受评价左右，但比方说做 *STREET DESIGN FILE* 时我的年纪已经是 4 打头了，虽然还是会不能自已地为他人评价开怀、低落，但反应已经不会太大……或者说，激动又有什么用呢？贬低我的人大多是不会买我书的人。（笑）首印也才几千本，一定不会变成什么畅销书，书评再怎么写也不会对销量有多大的影响。

我已经可以斩钉截铁地下那种定论，不过对我来说更重要的，是那阵子开始我明白了一件事。情人旅馆或按摩棒设计师也好，暴走族老兄也好，暴走卡车的司机也好，大家都无视世人的冰冷视线，熬过困境活在自己的世界里。采访这些人、出版这些故事的我，怎么可以饥渴地追求世人好评？如果真的尊敬受访对象的话……我不至于认为你就该模仿他们的生活态度，但你应该能从他们身上学到许多才对。采访不红的艺术家，然后自己靠文章和照片赚大钱是对的吗？虽然说肯定也赚不了……

问题 4

没人做过的事，该如何下手？

业界会死，词会留下

前一章谈了设计方面的“ROADSIDE”，艺术领域当然也有“ROADSIDE”。

过去大竹伸朗说过一句话，我听了恍然大悟。作品只要加上“现代”两个字，突然就会变成不怎么像样的东西。“现代艺术”“现代音乐”“现代文学”……明明用“艺术”“音乐”“文学”称呼就好，一加上“现代”两个字立刻就显得有点难懂，仿佛难解的事物就是比较高级。

看不出个所以然，专家却说棒透了。如此一来，你就会以为自己没涵养所以看不懂。一句“我不懂”到嘴边了还是说不出口。

专家说，你不懂，就买我的书学习，上我的课，买厚厚一大本展览图录。讲难听一点，我甚至会觉得专家做生意的方式就是把学问搞得很难。我要说的不是难解的东西就了得起或了不起，而是艺术作品应该有比好懂难懂更重要的面向，不是吗？

我从某时期开始认为，冠上“现代”两个字的艰涩作品中门槛特别高的应该就是现代诗了。

我从小就喜欢资生堂出的宣传杂志《花椿》。其中一个原因是我老家开药店，它常常出现在我身边，我的感性真的有一大部分受其影响。以前应该有很多喜欢《花椿》的男孩子才是，也应该有不少人记得家中摆着化妆品店送来的册子。

总之，《花椿》每年都会举办聚焦于诗的文学奖“现代诗花椿奖”，我基本上都会读……但真的没有共鸣，真悲哀啊。我不是说作品很糟，问题显然是我没有涵养，但没有涵养就无法享受诗吗？我是文字工作者，每天读的文字应该比一般人多上许多。这样都还懂不了的话，到底要努力到什么程度才能“理解”现代诗呢？

为了 *ROADSIDE USA* 探访美国乡间时，我看过墙上贴着一张“即将举办赶牛大赛”的传单，应该是在犹他州的汽车旅馆看到的吧。于是我去观赏节目，结果竞技项目之间的空当有个项目跟乐队演奏并列，叫“牛仔诗歌朗读”。牛仔也好，季节工也好，在美国都是勾起某种乡愁的主题。业余诗人将它们入诗，然后在众人面前朗读。我受到吸引，跑到当地书店翻出了几本牛仔诗歌集。

日本教育如此进步，以识字率百分之百为傲，不知为何却几乎没有每个国民都会吟咏的诗。我去过的每个国家都有地位类似“国民诗人”的诗歌创作者，每个国民都背诵得出一两首诗。可是日本……有每个国民都不看原文就能从头到尾背诵出来的诗吗？至少我没有。大家背得出宫泽贤治的《不畏风雨》的开头，但无法背完吧。根据诗歌专家的说法，诗在现代已经变成让人默读而非朗读的文体了，但诗原本应该是要让人“吟咏”的。

不过换个角度看，我们会背诵的诗歌其实多得很。我指的是歌词。美空云雀也好，松任谷由实也好，我们不看歌词本或卡拉 OK 荧幕就能从头唱到尾的曲目非常多。如果说这是诗人输给作词家的瞬间，不知道会不会太过分？

艰涩的现代诗读也读不懂，但任何人都会有以下体验（应该吧？）：半夜在国道上开车，大灯灯光打亮“夜露死苦”“爱罗武勇”[1]等喷漆涂鸦，你看了大吃一惊；听到广播电台播出平凡无奇的 J-pop 歌词，不禁热泪盈眶……我们的语言感受力，完全不可能比以前的人迟钝。真要说，网络和手机这两样科技的发达，反而让大多数人都变得“笔勤”，这理应是一个前所未有的时代。“诗坛”之外，还横陈着一大堆刺激的词汇不是吗？

当代艺术之外有非主流艺术，而我要是能发掘现代诗外部的某种文字风格不是很棒吗？想着想着，正巧我的老友成了新潮社文艺杂志《新潮》的总编，于是我提议做诗歌版的 *ROADSIDE JAPAN*，开始了连载专栏“夜露死苦现代诗”。《新潮》创刊于 1904 年，是相当老字号的文艺杂志，读者几乎都是纯文学和现代文学的爱好者。真要说来，它可说是立于文坛顶点，而我想在那里试图抛出意想不到的语言素材。这专栏自 2005 年起连载了约一年，刚好在创刊百年的节骨眼儿上。

我在连载第一回的序文里写道：“诗并没有死，死的

---

1 暴走族创造的同音语，“夜露死苦”原意为“请多指教”，“爱罗武勇”为“I love you”。

不过是现代诗界。”突然就惹毛了现代诗迷，接下来刊的都是位于“诗坛外侧”、离它十万八千里远的文章，例如老年痴呆症患者的叨絮、暴走族特攻服上的“刺绣诗集”、死刑犯的俳句、歌谣曲的歌词等，连我自己都觉得竟然能撑一年。文艺杂志没有一板一眼的字数限制，几乎是想写什么就能写什么，这也让我非常开心。

还有，我写的文章或许看起来像现代诗评论，但我还是想贯彻“采访”的立场，不会光翻过去的文献资料，而是会尽可能前往现场和作者碰面，将这个原则放在心上。就算建筑物已经不存在了，还是会去原址一趟。如果作者进了疗养机构，完全不跟人交谈，我也还是会去见个一面。我想妥善保有那“磁场”带给我的东西。

举连载初期反应很好的“死刑犯俳句”为例吧。我有次碰巧在书店架上发现一本俳句集《异空间俳句》(海曜社，1999 年，现已绝版)，里头收录的都是死刑犯以长年孤囚生活为灵感的创作，或行刑前吟咏的辞世句，律师将它们收集起来，流传到牢狱之外。我读了大受震撼，这份心情成为日后连载的契机。后来我自己进行各种调查，还拜访了出版社，就是因为我想知道创作出这些俳句的是什么样的人。

那家出版社并不是位于东京神田，而是位于滋贺县琵琶湖畔的极普通的民宅内，由感觉很敦厚的中年男女经营。我听他们分享了做书过程中的各种轶事和辛苦的地方，最先傻眼的部分是：俳坛给予的恶评压倒性地多。

死刑犯俳句主要是通过发起废除死刑运动的公民团体才得以问世。社会运动人士会嘲弄他们“搞俳句的又来喽”；书出版后又得到俳坛以下评语：“在一首首俳句中间穿插作者际遇等简短说明是不妥的”“为了让读不惯俳句的人容易进入情境，就刻意将俳句分为三行（其实该写成一行）也是不妥的”“在汉字旁标假名也不妥”等等。出版人苦笑着说：“我们受到了很多责难。”那些人，实在是无聊透顶。

他们是死刑犯，所以（虽然这样说似乎不太好）都不是在入狱前就热衷于俳句。大多是遭判死刑后陷入精神上的绝境，只能靠吟咏俳句来保住理性，才开始尝试创作。因此他们的作品几乎只采用“五七五”形式，结果又被通晓现代俳句者小看。然而有一些表现手法应该就像蓝调那样，形式固定，内容在范围内不断拓展就够了。

日本的死刑制度非常残酷，到了执行日早晨才会告知受刑人。有时候他们会一等再等，等上好几年、好几十年。我认为这些时日本身就是一种虐待，可是却有人在行刑日早晨前往绞刑场时，还担心绳子会被沾上污垢或汗水。

使绳
免蒙污纳秽
抹颈以寒水

他当着死亡的面咏出此句。不折服于此现实际遇与创作成果的“现代诗人”，真的有吗？

除此之外，专栏还刊载了老年疗养院职员记录的老年痴呆症患者叨絮、分数占卜[1]上的句子等等，想让大家读读的东西很多，不过当中有一回引起的反响意外的广泛。1996年池袋某公寓发生了高龄的母亲与患有精神障碍的儿子一同饿死的悲惨事件，而那位母亲到死之前都还在写日记［《池袋，母子饿死日记（全文）》，公人之友社，

1 一种抽签游戏，签上写着分数（1到10分）和单行信息，大多为无意义的内容。

1996 年]，内容真的是令人毛骨悚然……

3 月 11 日（一） 晴 寒冷

今天早上，我们终于，把能吃的东西吃完了。明天开始，能下肚的东西，一样也没有了。茶，还剩一点，可是，光是每天喝茶撑得下去吗……

我今天早上，做了一个梦（牙齿掉光的梦），听说这代表身边会有人死掉，我好担心，是不是孩子会死掉呢。真希望能和他一起死，因为后走的人太不幸了。

写这篇报道时，我无论如何都想看一眼那个公寓。光看网络消息和报纸找不到地点，但我的责编不愧当过《周刊新潮》的记者，轻轻松松就打探出来了。

它位于北池袋住宅区，公寓已拆毁变成了停车场（先前我时隔许久地去了一趟，现在还是停车场），一点痕迹都没剩。不过我还是试着在那里站了一会儿，拍了一张巷内的照片放进报道中。这些行为有无不仅会对写手，也会对读者接收到的真实性带来天差地别的影响。因此，我认为在那种情况下抱着“已经不在了所以去也没用”还是“已经不在了但还是去看看”的想法，对报道而言是相差非常多的。

嘻又哈

前面提到，我在美国乡下旅行时有了“年轻人现在只听嘻哈”的印象，真的很令人难忘。

嘻哈音乐刚发迹时，我不断为了 *POPEYE* 和 *BRUTUS* 跑去纽约进行采访，因此从最早期就跟那里的场景走得很近。电影《伴我闯天涯》(*Wild Style*)也在第一时间就看了，饶舌、涂鸦、霹雳舞的日渐兴盛，我全都是在现场见证的。就连我在 *POPEYE* 的第一篇署名报道《新宿二丁目同性恋迪斯科巡礼》（笑）都介绍了 TSUBAKI HOUSE。TSUBAKI HOUSE 并不是同性恋迪斯科舞厅，不过当时二丁目有许多 TSUBAKI HOUSE 结束营业后遍地开花的小型优质迪斯科。

不过我个人却渐渐不听嘻哈了。一方面是因为美国饶舌场景开始极度偏向黑帮式的“炫恶”；另一方面是，在日本才刚起步的场景跟美国形成强烈对比，感觉“轻”过头了。我希望大家把这想成是我的喜好问题，还是去听听这些音乐，不过像是 Scha Dara Parr 的路线我实在无感。尤其看不惯的是嘻哈逐渐发展成一种时尚风潮、一种商业模式，让里原宿的店家得以用天价售卖没什么可取之处的潮 T。

后来我又在美国久违地听到饶舌音乐，音乐无视我的意愿钻入我耳中。歌词用语确实很艰涩，但听久了就渐渐听得懂一部分。接着我通过电台听到埃米纳姆，完全被击中。歌词的深度使我无法将它们视为“诗”之外的东西来看待，但“诗人”却不将它们放在眼里。

我认为事情非常不得了，于是在“夜露死苦现代诗”专栏介绍了埃米纳姆、Jay-Z、NAS 等纽约知名饶舌歌手，还介绍了日本的 DARTHREIDER。

当时几乎没有提供日本饶舌圈信息的杂志（现在是一本也没有），身边也没有很懂饶舌乐的朋友，我只能狂买 CD，发现什么就研究什么。

有好几个日本饶舌歌手让我惊叹：“竟然有这种角色！”其中一人就是 DARTHREIDER，他当时刚创立厂牌“Da.Me.RECORDS”，每个月都发行一张年轻饶舌歌手（包括他自己）的作品，设定均一价 1000 日元。我被他的态度感动，请他让我采访，发现他非常认真地在思考场景的现实与未来，并且以坚定的口吻表达出来。他其实是归国子弟，10 岁前住在英国，后来上了东大，但活动忙到他无法去上课（因为大多在半夜举办），最后还是中途辍学了。为了饶舌舍弃东大，真是稀有的案例。从那时起，我又开始关注饶舌，重新回头去听这种音乐了。

“夜露死苦现代诗”连载结束时，我们决定在《新潮》上刊出纪念对谈。本来想找死硬派现代诗人进行“对干式”的对谈，但没人愿意出面，最后只好找来谷川俊太郎先生，他对我说：“你给现代诗的评价会不会过高了呢，我们可当不了什么好对手啊。”不过我很清楚谷川先生在战后诗坛也位于边缘位置，一路创作至今，有机会的话请大家一定要把这篇对谈找来看看。

连载结束后，2006 年集结出版为《夜露死苦现代诗》一书。根据出版界的不成文规定，一本书大约会在三年后推出文库本，但当时新潮社的文库本部门说他们不出。（笑）不断吐出怨言很烦人吧？不过这种事我是一定不会忘记

《夜露死苦现代诗》
（新潮社，2006 年；筑摩文库，2010 年）

的。后来筑摩文库在 2010 年推出文库本时，我已经相当熟悉日本饶舌了，于是又拜托《新潮》让我推出《夜露死苦现代诗》的续篇——专攻日本饶舌的新连载《夜露死苦现代诗 2.0：嘻哈诗人们》，就这样在 2011 年再次启动了。

当时还是没有专门介绍日本饶舌的专业杂志，但我会请特别努力推广日本饶舌的唱片行店员为我介绍，也会一一收集唱片行店头传单，然后去看表演。

日语歌词当然比英语好懂，但首先叫我吃惊的是，没附歌词本的 CD 相当多，我想现在也一样吧。有些饶舌歌手基于“竖耳倾听比读字好”的方针硬是不列出歌词，但大多数情况都是想节省经费。

我不死心地听下去，发现许多棒透了的歌词。有些饶舌歌手非常有人气，每次表演涩谷的大场地都会塞满人，陷入缺氧状态。半夜 12 点出头进场，想看的饶舌歌手 3 点过才会上场，人潮汹涌到连手都举不起来。有几次我差点儿昏倒。

明明是那么受欢迎的音乐，电台完全不播，音乐杂志也不报道。心中最先冒出的是纯粹的疑问：这到底是怎么一回事？为什么大家都不好好报道呢？虽然有跟新曲介绍绑在一起的大唱片行的网络访谈，但感觉都像小圈子内的谈话，不怎么了解嘻哈的圈外人是看不懂的。更重要的是，除了新曲介绍之外根本没有资料可以让人更加了解创作者的为人。明明是这么多人听的音乐，既有媒体却忽略到这种程度，到底是怎么回事？我的采访欲被激发了。

饶舌歌手们不像《夜露死苦现代诗》中的人那么边缘，但其中大半都和主流唱片公司以及高规格制作扯不上关系，有的连经纪人都没有，光是跟本人取得联系就很辛苦了。有许多类似这样的情况都是开始采访了才明白的。

找出 CD 上写的厂牌的网站，写信过去却没人回，只好上推特找本人账号，试着联络对方。这样还不行的话，跑到表演会场在出口堵人就对了。都五十几岁了还在涩谷 live house 堵演出者……（笑）

因此，我还是像《夜露死苦现代诗》那时候一样尽可能前往他们活动的地方。其中一个主题是“地方饶舌歌手”，后面会详述，总之我会在他们的“大本营”跟他们碰面，而不是在东京的事务所或 live house 的休息室。

我会拜托他们：“告诉我你最常待的地方，我要去那里。”答复有时是家庭餐厅、朋友的咖啡店、家附近的居酒屋，有时则是国道旁的卡拉 OK，说总是在那里练习。

我不会问“这次新作的概念是什么？”而是问“令尊令堂是什么样的人？你小学时代是什么样的人？”我在嘻哈圈采访过形形色色的人，从著名歌手到没什么知名度的新人都有，结果大家都说：“第一次有人问我私事。”吓了我一跳。

饶舌歌手中有不少人度过了行为相当偏差的少年时代。有些人不是“坏坏的”，而是相当程度上的恶霸。我不是为了好玩儿硬问他们，而是想探究他们的语言从何而来。

所有人都没有好好上过一堂语文课，甚至有人在少年鉴别所[1]才第一次读到宫泽贤治，大为感动。世人对“诗人”的形象有所设想，而他们在离那形象最为遥远的地方成长，写出如此尖锐、现实的歌词。这情形与其说“饶有趣味”，“叫人如坐针毡”才更贴合我的心情。像是札幌的B.I.G.JOE的人生转折就根本无法想象。他走私海洛因遭逮捕，在澳大利亚服刑七年，期间写下歌词对着电话听筒饶舌，札幌的友人录下后配乐再灌成CD发表。我问他，在狱中有没有最常看的书？结果他淡然地回答：“就《歌德书信》吧。”

在他们的大本营结束访谈后，我会去表演现场拍照……这又是一个折腾人的大工程。“我要在池袋的BED表演，大概（凌晨）4点轮到我上场吧。”情形大概都类似这样。（笑）不知为何嘻哈的演出都昏天暗地的，与其说照明没做好，不如说那就是一种“约定俗成”，就算带高感光度的相机去还是会拍到一大堆模糊的照片。当然了，我在live house永远是年纪最大的，比其他人年长好几轮，却总是在第一排拼命拍照，其他客人也许会想：这大叔到

1 日本处理违法少年问题的专门机构。——责编注

底要干吗?

之后更大的难关是听写歌词。专辑大多没附歌词本,所以只能重听歌曲几十次,尽可能把听得出来的部分写下,再交由饶舌歌手订正才完成。这工作实在太过累人了,途中甚至由责编来接棒进行。

不过,像那样细细品味他们写的歌词,有些情景就会清楚无比地浮现,例如现今时代 25 岁年轻人的生活现实之类的。并不是光在炫耀自己干了什么坏事,而是会触及自己身为"家里蹲"的过去、谈起自己如何让家人伤心哭泣、打工是怎么被开除的。

我年纪还小时是民谣全盛期,不过每个时代也许都有某种音乐形式是年轻人最能直接寄托心声的。

比方说,20 世纪 60 年代也许是只要一把吉他就能演出的民谣音乐,70 年代也许是不怎么需要练习就能发出大音量的摇滚乐。那个位置也曾由朋克音乐占据,如今无疑是属于嘻哈的。连载里介绍的饶舌歌手中,有许多人在经济条件不怎么好的环境中成长。组朋克团还是需要买乐器和租练习室的钱,但饶舌歌手连吉他都不需要,只要有一台盒式收录机就行了。如果有人做 beatbox,连盒式收录机都可以不用。只要发得出声音就能饶舌。不需要买乐器，不需要练习音阶，连好的歌唱技巧都不需要。只要把自己的想法寄托到歌词上就行了。

对了，DARTHREIDER 说过一件事。饶舌乐有所谓的“cypher”，就是一群人聚集在一起随节拍交替饶舌。就像从前的连歌那样，是瞬间连接语言的游戏。据说有人曾经用盒式收录机播放节拍在涩谷站前玩 cypher，结果被警察怒骂,要他们别在公共场合发出巨大声响。那人说“那好吧”，开始做 beatbox，大伙儿又继续他们的 cypher。如此一来他们就像是用略大的音量在说话，警察想取缔也没办法。(笑）很棒吧。

我投入全副精力采访并写稿，连载一年多后于 2013 年出版《嘻哈诗人们》。书中登场的饶舌歌手有 15 个人，页数将近 600 页。文艺杂志可以给我比较多篇幅，因此歌词都能刊出适当的分量。连载时每一回都有 20 页左右，单行本自然会变成一本厚重大书，这也是没办法的。售价 3888 日元，我虽然心想一页只要 6 元，但推特上还是有人写“贵死了！”好想回他：“你在优衣库买东西也会花到 3800 日元左右吧？ New Era 的鸭舌帽比这还贵吧？”(笑)

这本书花了我不少功夫，做起来有趣是很有趣，但如果由业内的音乐写手来做的话，应该会简单好几倍。他可能跟音乐人是朋友，大概也很了解业界背景和内部状况，不买 CD 可能也拿得到样品盘。我原本对这块一无所知，所以得花好几倍的时间、精力、金钱。

前面提到，我出国采访也不会请统筹人帮忙。专业旅游信息媒体要是雇用专业统筹人，应该只需花我十分之一的辛劳和时间就能做出同样内容的书或节目，但他们就是不做。饶舌乐的报道也一样，圈内人不做，我这圈外人才在迫不得已的情况下出手。

就工作量和耗费时间而言，我花钱买别人做的嘻哈音乐书一定还比自己做这本书领稿费和版税开心得多。要别人做了该有多好，但没有就是没有。

因此我有个深刻的体会：我永远是圈外人。对室内设计圈、艺术圈、音乐圈、文学圈而言，我都是外人。我为什么能够在圈内采访、做书呢？简单说就是因为“专业人士的怠慢”，不过如此。专业人士要是动起来，我只要当个读者就完事了。他们不动，所以我才动。而我勉强能将行动和工作勾搭在一起，虽然赚不了多少钱，但还活得下

《嘻哈诗人们》
（新潮社，2013 年）

去。我就像是不断走在危桥或钢索上，不论多久都抵达不了对岸闪着霓虹光的“版税生活”。

问题 5

你为谁做书？

不把东京放在眼里

做《嘻哈诗人们》时，我希望尽可能在他们的故乡进行采访。一方面是想感受他们生活之地的气氛，另一方面是我强烈怀疑，如今地方与东京的关系应该起了很大的变化吧？确认实际状况也是我的目的之一。

为了做功课狂买 CD 的过程中，我发现一件事，那就是东京唱片行买不到某些地方饶舌歌手的专辑，只能趁他们偶尔到东京表演时去现场买，这种案例相当多。像是 The Blue Herb 这种老牌团体也在歌词当中明确地表现出“来自札幌，反对东京”的立场。这种乡土爱、以某地代表自居的意识，或者说“东京我没兴趣”的心理都非常吸引我。

不久前的情况是这样的：假如我想靠音乐吃饭，要是不设法到东京去就搞不出名堂对吧？我可能会在高圆寺附近租便宜的公寓，靠打工勉强度日，租练习室练习，不断做 demo 寄到唱片公司去，运气好就会被捞走，获得主流出道的机会之类的。因此像高圆寺这样的地方才会那么有趣，我也才做得了《东京风格》这种书。

如今时代不同了。音乐人会待在家乡与同好做音乐，自己录音、自己制作 CD，然后在表演会场或网站上售卖。不再怀着“我要去东京闯啦”的想法，而是采取“想听就来”的姿态。

没必要对东京的唱片公司言听计从，播放或贩卖的网络都可以自己建构，所以一下子就能从地方与世界接轨。“东京与地方立场反转”是网络催生的状况之一，不过最没注意到这点的大概就属东京的大众媒体和一直靠既得利益存活至今的唱片公司或演艺事务所吧。

为避免误会，话说在前头。我并不是要说，现在非都会地方才是最活络的，完全不是那个意思。《嘻哈诗人们》第一个登场的田我流担纲主角的电影《失乐园挽歌》在他家乡山梨县甲府市拍摄。目前日本非都会地方的状况，如同电影描写的那般无可救药。铁卷门商店街和城郊化，年轻人找不到工作，平均薪资低下毫无增长，完全是文化沙漠。

他们只拥有性和车，但不管开到哪去都只有永旺梦乐城、洋服青山、东京鞋靴流通中心、柏青哥和家庭餐厅。正是因为被东京无法比拟的封闭感绞死在原地，正是因为再也受不了“惨到令人发笑”的现状，他们才有办法创作出直击人心的东西。真正厉害的玩意儿是不会在温室中诞生的。给人贴上“软混混”[1]标签、啰里啰唆的大众媒体根本不理解他们的绝望。

在《新潮》连载嘻哈主题专栏的同一时间，我在一个叫“VOBO”的网站上也进行着一个有点……应该说是相当怪的专栏连载。

我不知道拿着这本书的读者有没有听过一本色情杂志《喵2俱乐部Z》，它是创刊20多年的长寿杂志，拥有傲人的历史（可惜在2015年10月停刊了），而且不是主打

1 原文为マイルドヤンキー。市场分析师原田曜平提出的概念，指在地方上不想出人头地、思想保守的内向混混。

常见的美少女模特儿写真，几乎都由“素人投稿暴露照”组成内容。“如何？很惊人吧。”可说是散发素人情色感，同时满足男人虚荣的杂志。“VOBO”则是它的衍生策划，一个自架网站。

杂志种类繁多，而处在金字塔最底部的想必就是色情杂志了。

而色情杂志还是有阶级高低。假如将把当红模特儿或AV女优拍得美美的写真杂志视为色情杂志金字塔的顶端，那么位于金字塔底部的就是像《喵2》这种只靠读者投稿组成内容的暴露照投稿杂志了。而且让人觉得恶而非色的篇幅还比较多，变态至极。

暴露照投稿杂志虽然位于金字塔底部，但能投稿照片的人仍算是较受眷顾的一群，因为有其他人愿意让他采取破格的行动并拍照。没有伙伴，连照片都没得拍的人若想表达自己的意念，就会通过“插图投稿”专栏。

不只色情杂志，大多数专门杂志也都设有读者投稿专栏，大致上会放在接近书末的页面。以暴走卡车为例，还不能考驾照的高中生暴走卡车迷可能就会画自己喜欢的暴走卡车精密插图，投稿到杂志去。我以前就很喜欢那些投稿，色情杂志当然也有类似的作品。

脑海中的妄想膨胀得无比肿大，却没有愿意让自己绳缚、调教的对象。不只没办法花钱解决，连跟女性对话都很窘迫—— 这类男性会将自己的妄想画成图，投稿到杂志去。当中有人每个月都会投稿好几张，还有创刊 20 多年来都不曾缺席的人。

要是能让各位看到杂志，你就会知道，那些投稿插图就算获得采用，刊出来最大也只有名片大小，且稿费微薄得不得了。而且不管有没有获得采用，编辑部都不会联系投稿人，也不会归还作品。对画图的人来说，作品一旦寄出去就不会回到手里，实际上等于“画完就丢”。尽管如此，他们每个月还是会在杂志发售日前往书店，心跳加速地翻开书页，“不知道这个月有没有刊呢？”然后回家继续画，画好再投稿。有人就这样度过了 20 年，各位能想象吗？

一般读者大概会觉得：“那几页没人要看，拿掉多放一点图片吧。”插图投稿“职人”大概也不会指望靠投稿成名吧。投稿了没有一点好处，不会受到任何人瞩目。

我以“妄想艺术剧场”为题，每个星期都在“VOBO”

上推荐一个插图投稿职人，连载了好几个月。这种投稿作品的原稿大多是用完即丢，但《喵 2 俱乐部 Z》全都小心翼翼地保管着，公司搬迁过好几次也没遗失稿件。我请他们重新整理，将同一个投稿者的稿件全部放在一块儿，然后带回家扫描、写稿，就这样介绍了 30 个左右的投稿常客。

其中有我真心认为具备艺术性的优异作品。有个笔名为“从头体操”的投稿者作品特别疯狂，可说是突破极限级的，图画能量强大。我大为感动，设法取得本人同意，利用设计师松本弦人主理的自费出版机制“BCCKS”自费出版了他的作品集《妄想艺术剧场：从头体操》，也在银座的香草画廊举办展览，一如预期地引起莫大的回响，后来开始定期办展。

从头体操先生 20 多年来不断投稿到《喵 2 俱乐部 Z》去，所以已经有一点年纪了，但画风却会随着时代一再产生巨大变化，这是他的魅力之一。篇幅有限我无法在此解说，因此希望大家能去找他的作品集来看看。他的作品可是好到让 20 年前的利利 · 弗兰克大受冲击，自掏腰包租下涩谷的展览空间帮他办展。

这些插图投稿职人到底是什么样的人呢？我当然想知

道。因此我每次在“VOBO”上刊出连载文章时，都会通过编辑部邀访那一期的职人。我邀请了30人以上，结果有3个人愿意跟我见面。

对他们来说，《喵2俱乐部Z》应该是一个无可取代的发表平台，没有它就很难好好生活。平常只会默默刊载或退掉他们作品的编辑部，某天突然直接找上门来，他们理应会感到开心，但大部分的人都回复：“图你们怎么用都没关系，反正别来见我就是了。”我吓了一跳，究竟为什么会这样呢?

也许对他们来说，具现妄想的图画就是他们跟外在世界唯一的交集，而他们并不希望这种交集继续增加。又或许他们有精神或肉体方面的障碍，想跟外界有所交集也做不到。

投稿信封上写着住址，因此我知道他们住在哪里。上头写的都不是东京港区或涩谷区之类的地名，印象中全都来自非都会地区、城郊。我实在太好奇了，还曾经用谷歌街景确认那些地方到底长什么样子。(笑)

艺术这种蛛丝

这些职人在封闭的世界里，忘我地进行只属于自己的创作。看到他们，我就想起几年前得知的“死刑犯的绘画”。

前面稍微提过死刑犯吟咏的俳句。而在同样封闭的极限状况环境之中，当然也有囚犯是向绘画寻求救赎。

某次碰巧看到的一小篇报道，成了我得以一次欣赏整批死刑犯绘画的契机：广岛市郊外有个小剧场兼咖啡店“开放剧院咖啡”预定举办死刑犯画展。报道是在报纸还是网络上看到的，我已经忘了。当时我在仙台工作，但对展览内容非常在意，一查才知道仙台和广岛之间一天只有一班飞机直飞，于是我立刻预约第二天的机票，决定去看看再说。

展览间不过是在原本的舞台上以木板隔出来的，整体规模很小，DIY 感十足，但每张画都像是一记重拳，让人倏地止步。

有的画出自知名死刑犯之手，例如和歌山毒咖喱事件的林真须美之类的，也有非常厉害的素描，还有明天说不定就会行刑却悠悠哉哉画出来的漫画……我感动得一塌糊涂，但一想到这么厉害的创作不知为何都没有美术馆或艺术媒体理会，又非常、非常地不甘心。于是我当场拜托主办单位让我拍照，在电子邮件杂志上做了一个特辑。有个策展人读了特辑，次年在广岛县福山市一个专推非主流艺术的小型美术馆“鞆之津博物馆”举办展览，开幕前似乎有相当多抗议和责难，但一旦开始就引起巨大回响，创下开馆以来入场人数最多的纪录。就算艺术杂志不介绍，NHK 的艺术节目不报道，会看的人就是会来细细品味。

在差不多同一时期，我另外在筑摩书房的网络杂志上连载《东京右半分》专栏，内容集结而成的书又是厚厚一大本。连载最后，我采访了东方工业——全世界最高级硅胶娃娃的制造商。

性爱娃娃以前叫“Dutch Wife”（这似乎不是日本人自创的英语，而是世界通用词汇），指的是被无法或不愿与真人女性交往的男性当作性欲发泄对象的娃娃。东方工业在上野御徒町设有展售间，去那里就能看到成排放置的娃娃，从美熟女到外观年纪轻到有点危险的少女都有，现场还有洽询人员（或者说服务员）供客人征询意见，并提供一定程度的定制化服务。“我有这种喜好，有这种欲望，希望有这样的女孩子”都能告诉他。最高级品一尊要价70万日元也是当然的，毕竟脸型、发色、胸部大小都能指定。接单后就会向葛饰区的工厂下订单，成品再以宅急便寄到买主家，东方工业称之为“出嫁”。顺带一提，因故送回原厂修理叫作“回娘家”。

到底是什么样的人会付那么多钱买什么娃娃，各位一定会好奇对吧？这可不是花几千日元买玩具似的塑胶制充气娃娃或令人怀念的“南极一号”，等级差多了。于是我又兴冲冲地做了采访。

购买者之中当然有恋物癖的重度使用者，认为“比起活生生的女人，我说什么都会乖乖听话的娃娃好多了”；但也有人患有恐女症或脸红症，没办法自然地面对女性；还有人有肢体障碍，无法与女性有肉体上的亲密接触。甚至还有这样的例子：某患有精神障碍的男子到了一定年纪后开始有性欲，母亲别无选择只能用手帮他处理，但他的欲望越来越强烈，再这样下去会演变成不得了的状况……母亲很烦恼，最后得知东方工业性爱娃娃的存在，感激地说：“它救了我们母子。”因此东方工业设有身心障碍者折扣制度，是很认真地在看待这件事。

《东京右半分》

（筑摩书房，2012 年）

“WASABI”洛丽塔系可爱服饰专卖店　台东区松谷

（出自《东京右半分》）

每天都跟性爱娃娃一起生活，对某些人而言它当然会变成类似伴侣的存在，不止是高价的自慰用工具。以前的人绝对不希望他人知道自己拥有性爱娃娃，但最近的使用者意识也开始发生变化，会开始举办线下聚会，或跟其他拥有者一起旅行。当然了，他们会让自己喜欢的娃娃坐在副驾驶座，包下旅馆，与娃娃比邻开宴会。

和东方工业来往久了，有次突然接到他们的请求，问："能不能请你当评审？"原来是要我评东方工业每隔几年就会举办的"自豪的性爱娃娃摄影赛"。

说到性爱娃娃的照片，大多数人大概都会想象出一些变态的画面吧？然而那类照片少之又少，真要说来，投稿作品都是普通照片居多。穿围裙站在厨房做沙拉，穿睡衣玩电脑，穿戴滑雪装备置身滑雪场等等，如果不说它们是性爱娃娃，大家也许只会以为是普通的女友日常照。也因此，超越"娃娃"与"主人"的关系才会通过这些照片涌现。它在持有者眼中可能是恋人，可能是妹妹，可能是姐姐。这感情彻头彻尾是"爱"，但世人只因为恋爱对象不是真正的女人而是娃娃，就视之为变态。

艺术有各种功能，从提升教养到成名赚钱都是。这些功能没有好坏之别，但世界上最需要艺术的人，不就是被迫生活在封闭环境中的人吗？例如将画图视作与活着同等意义的非主流艺术家；明天也许就要接受死刑，却把最后的时间奉献给画笔的死刑犯；以投稿获得暴露照杂志刊载为人生唯一乐趣的插画职人；只将自己的真心献给性爱娃娃的业余摄影家，等等。艺术对他们而言，难道不是最后的救生索吗？知性探求型的艺术当然存在，也应当存在，但能够救人一命的艺术也是存在的，重要性排位比前者还要往前许多。我只希望大家知道这点才做这些。这原本应是艺术新闻报道该扮演的角色，但没人动手。

漫画家根本敬等人有个活动已经办了30年以上，叫“梦幻名盘解放同盟”，专门寻找、介绍没人知道而且也不想知道的反常音乐。解放同盟展开活动时发表了一个宣言：“所有唱片，都该平等地获得在唱盘上播放的权利。”艺术也完全一样，所有艺术家画出来的画，都该平等地获得挂在墙上的权利、受鉴赏的权利。喜好随人，但连看都不看就贬低作品是不可原谅的。艺术品有评价高低、价格高低，但真正的优劣明明是不存在的啊。

艺术大学这种陷阱

有个特辑我一直都很想在艺术杂志上做，但不管报选题几次都被否决。那就是“毁灭艺术的正是艺术大学”。

有些孩子对学校课业完全不感兴趣，成绩糟糕到不行，但在笔记本上涂鸦或在房间里画图就很开心，对吧?

这种孩子在高二志愿调查时一说出“我想进艺大”，就得先去专攻艺大的预备学校上课。然后呢，为了应付考试，不得不对着两千年前的古希腊人或罗马人的雕像画素描，画、画、画个没完。就算运气好顺利考上，接着指导者又会对你说：“先说明你的创作理念吧。”明明在预备学校执教鞭的，也不过是艺大学生或研究生罢了。有些“其他什么都不会，只喜欢画图”的孩子读艰涩的书只会头痛，在人前话也说不好，以画画为唯一的救赎。他们进了艺大后面临的却是那种情况，于是一个一个遭到击溃。

而且现在艺术大学的注册费和学费都非常高，出身家庭若付不出几百万日元，你根本无法接受专门的美术教育。没钱的人或许只要以进公立大学为目标即可，但当今最厉害的美术院系毕竟还是在东京艺术大学吧?真不敢相信如今仍有重考 10 次就为了挤进去的人，又不是司法考试。请想想，18 岁到 28 岁这 10 年里，自己可以画多少画啊。

我认识几个在艺大开课的老师，他们偶尔会叫我去讲课。在那里，首先令我吃惊的是某人对我说的一句话："请填好这份文件才能汇讲师费给您。"那不是几十万日元，只不过是一两万。但也没办法，我心想，开始填住址等项目，结果竟然碰到"毕业院校与最高学历"这一栏。"啥？"我疑惑地反问负责的工作人员，结果他感觉很抱歉地回答："这也得请您填……"我问："最高学历跟这有什么关系？"他回答："讲师费用不同。"硕士毕业的比高中毕业的多了几千块。（笑）我忍不住填"麴町中学毕业"（笑），很差劲吧。

那样的大学是日本目前艺术圈的最高学府，现实就是如此。读书考试考了好几年，好不容易入学后努力四年，老师看你顺眼让你进研究室当助理，不久后以日本美术展览会之类的展览为目标画画，最终要成为艺术院会员……到时候大概已经超过 80 岁了。因此，我认为应该找个机会把话好好说清楚，让大家知道"考上艺术大学"不是值得赌上人生的目标，但每本杂志都绝对不会提这些。因为艺大以及它周边的艺术团体是杂志的大广告主。

如果现在在艺术大学就读的学生读到这本书，请你干脆地将学校视为“可以使用各种器材的巨大出租画室”，把老师和助教想成“指导我们操作版画压印机等技术层次问题的人”，这样会比较好。评图时如果被老师称赞，告诉自己“这下不妙了”才是好的。老师要是把你的作品贬得一文不值，说什么“完全看不懂”，请视为最棒的赞辞。然后呢，由于艺大毕业证书一点社会价值也没有，心中一旦浮现“一切都是白费功夫”的念头，立刻退学才是上策，我说真的。

想组摇滚乐队的话，只要去买吉他练习就行了，不会去预备学校上课，然后以考上音乐大学为目标吧？想成为饶舌歌手或小说家的话，买本笔记本不断写歌词或文章就行了吧？不会以考上文学系日本文学科为目标。但想做艺术的人却不是那样，这不是很奇怪吗？

问题6

编辑能做什么？

编辑这种生物

2010年，我在广岛市当代美术馆举办了一个相当大规模的个展“HEAVEN 都筑响一陪你探访，社会之窗中的日本”，整个策划展区都用上了。这对策展人而言也是一大冒险吧。我写了以下文章作为“序文”，放得超大，贴在展场入口。

一个字大概占了15cm²（笑），来看展的人就算不想看也不得不看到……

我是记者，不是艺术家。记者的工作是持续待在最前线。战争的最前线不是总统办公室，而是遍布泥泞的大地，同样地，艺术的最前线不是美术馆或美术大学，而是天才与废渣、真实与虚张混杂的街头。

碰上真正有新意的事物时，人无法立刻给予“美丽”“优秀”等评价。面对这种事物，你无法断定它是最棒的还是最糟的，它却会撩拨你的心灵内侧，使你坐立难安。如果评论家负责在司令部解读战况，那记者就是一兵一卒，即便满身泥泞也要冲向“不太懂但令人在意得不得了的事物”。

士兵有可能在战场上丢掉性命，记者在前线误判的话也可能危及自己的职业生命。但不容解释的活生生的现实只在最前线找得到。而日本的最前线（= 街头）总是春情萌动，街头满是“不太懂但令人在意得不得了的事物”。

这个展览真正的主角是他们——街头的无名创作者。这些路旁的天才始终遭到文化媒体的漠视。他们完全不认为自己在做艺术创作，其创作力的纯度却远超过美术馆展示艺术家的“作品”，深深刺进我们眼中和心中，这是怎么一回事呢？为什么理应是非艺术品的创造物，看上去的艺术性还远超过艺术品呢？

我的照片、书籍都只是为了记录他们、流传给后世的道具。接下来各位会看到我拍的照片，要是你们愿意去注意我拍了什么而非怎么拍，那就太好了。

这是“发情”的最前线捎来的紧急通报。

我通过这本书想传达的信息全都在这段文字里头了，说完了……（笑）

有人问起我的头衔时，我会尽量答“编辑”。展览时会变成“编辑／摄影家”，不过基本上就用编辑。用记者也行，但要帅过头了。

前面谈到我刚拍照那阵子时也许已经说过了，总之我拍照是想要“采访”，不是要拍帅气的照片。因此我其实很想把拍照的工作交给专业人士去做，但我既没有预算也没有余力说明意图。我别无他法，只能自己拍照、写稿，偶尔连设计也得做，就这样过活。真的只是“别无他法”。以前有人问起这件事时，我都会如此强调，但别人听了似乎以为我在挖苦，现在我都尽量不说了。

我偶尔会在美术馆办展，所以经常有人会说：“你是艺术家吧？”“不，我只是一介编辑。”“不过持续找出采访对象的过程就是艺术啊。”听人这么说我很感激，但我自己绝对不想把自己看作一个“艺术家”。

因此，头衔这种东西怎么写都没区别，但我绝对不是评论家。至少这点我要讲明。

《HEAVEN 都筑响一陪你探访，社会之窗中的日本》
（青幻舍，2010 年）

我一直就跟所谓的评论家合不来，现在也没有一个评论家好友。“二流实践者比一流评论家了不起”是我的信念。大多数评论家不懂这道理是我们处不来的原因之一，不过基本上记者和评论家的角色是不一样的。

我认为评论家的角色是从许多事物中选出一样东西，赌上自己的名号赞赏它“好”。他们要靠选择和说服力分胜负。

然而记者立场正好相反。大家都称“好”的时候，他应该要说“不，这个也很棒不是吗？”我相信，尽可能向他人揭示出选项就是他该有的功能。大家说“这就是当代艺术”时,他要试着说“不,这也是”;大家说“美国很糟”“伊斯兰教徒很糟”时,有人会跳出来说“不对,他们之中也有这样的人,也有人这样想”;大家说“起码得读到大学毕业才行”“人非得结婚、持家”时,有人会说“有些人没照做也活得很开心”。

评论家和记者没有高明、低下之分,只不过扮演的角色不同罢了。不过实际工作时,你不得不在两个极端之间摆荡。然后套用刚刚我对评论家的看法,我认为“二流实践者也比一流记者了不起”,这是废话。

通过《夜露死苦现代诗》,我想站在至今不被视为“诗”的位置告诉大家,这种“诗”也有看头不是吗?我在《东京风格》中只是想说,就算不拼命工作买郊区的房子、租高级公寓,住房租 5 万日元的木造公寓也可能过开心的生活。并不是“其中某边比较好”,而是“两边都好”。朝路旁墙壁喷漆涂鸦并不比用钢笔在稿纸上写字厉害,住在狭窄肮脏的房间里也并不更伟大。一切都没有优劣之分,只有喜好问题。总觉得我一路工作到现在都是想表达这件事。

我十几岁的那个年代,穿西装的人的社会地位仍比穿 T 恤搭牛仔裤的人“高”上许多,也比较受社会信赖。但现在比西装贵的牛仔裤多得是，大家都知道如今已不可能靠穿西装或穿 T 恤牛仔裤来判断一个人，这两种人也没有位阶高低之分。不过看建筑、室内设计或艺术业界，就会发现他们还没完全脱离旧风潮。我只是想破坏“宽广清爽的家宅比较厉害”“知名艺大毕业生比较厉害”等想法，就算只能松动一点土壤也没关系。

我自己也比较喜欢宽敞的住宅而非狭窄的房间。(笑) 也曾经有来访问我的人说：“咦，您住的地方还蛮宽的，而且很整齐不是吗？”仿佛带了点责难的意思。我实在很难让大家明白，“反对好品位”“反对好生活”并不是我的用意，我只是希望大家认为“两边都可行”，自由地甩开无谓的挫折或输人一等的感觉。

摄影的“歧路”

我是从《东京风格》开始摄影的。前面也提过，我使用过相当多种类的相机，从当时的底片机到现在的数码相机，从大型相机到多功能手机，都有。如今我的书会被放在书店的摄影集区域,我也不只在杂志上连载文章或出书,还办了各式各样的摄影展。

最早是1998年水户艺术馆的“都筑响一绕啊绕的珍奇日本纪行展”，接下来的“HAPPY VICTIMS 购衣破产方丈记”不仅在日本展出，还巡回到法国、英国、卢森堡、墨西哥。回首过往，发现办展经历也将近20年了。

虽然很啰唆，我还是要强调自己拍照完全只是为了“采访”，并不是想拍出“作品”。

比方说我在美国乡下四处转的时候，在某镇外发现废弃房屋，一辆生锈的汽车被人丢在茂密的草丛中。这种时候我就会想，拍艺术品级的照片很辛苦，但要拍“有艺术感”的照片真是简单呢!（笑）不过你必须得决定自己拍的是什么才行，是艺术还是纪实，是作品还是报道？选边站是有必要的。如果你是萨尔加多，那样伟大的摄影家就能拍出“两者皆是”,但一般人是没办法的。不过,怀着“想告诉大家！”的心情按下快门，结果拍出美丽照片的情形也存在，但这不过是幸福的偶然或奇迹，是摄影之神的恩宠。我认为一开始就以拍出美照为目标是很危险的。虽然多数摄影家大概无法赞同我说的吧。

如今通过摄影这种工具制作作品的日本艺术家中，国际评价最高的要属杉本博司先生吧。其实我们一起在同一个地方拍过几次照。

杉本先生有一件知名作品，拍的是蜡像排成的《最后的晚餐》，也是我在《ROADSIDE JAPAN——珍奇日本纪行》中介绍过的伊豆蜡像馆的展示内容。面对同样的拍摄对象，杉本先生大阵仗架了器材，以8x10大型相机拍摄黑白照片，我则以手持小型相机拍下彩色照片，走快拍路线。拍出来的结果天差地别，看了根本不会觉得拍摄了同一对象，而且输出作品的价格也差了1000倍。不过我拍的是彩色的，资料价值也许还比较高。(笑)

在美术馆的摄影展看到杉本先生的《最后的晚餐》，受其优美与画面深度感动的人很多，但应该没什么人会想问这是什么地方。我的《最后的晚餐》也在美术馆展示过，比起称赞我拍的照片真帅，问我这里是什么地方的话我听了会更开心，而且是开心百倍。这就是作品与报道的差别。

杉本先生运用相机、底片、《最后的晚餐》蜡像，是想创造自己的世界，等于是“造物主”。但我不是那样。我算是想传达蜡像馆气场、无名蜡像师之热情的“灵媒”，

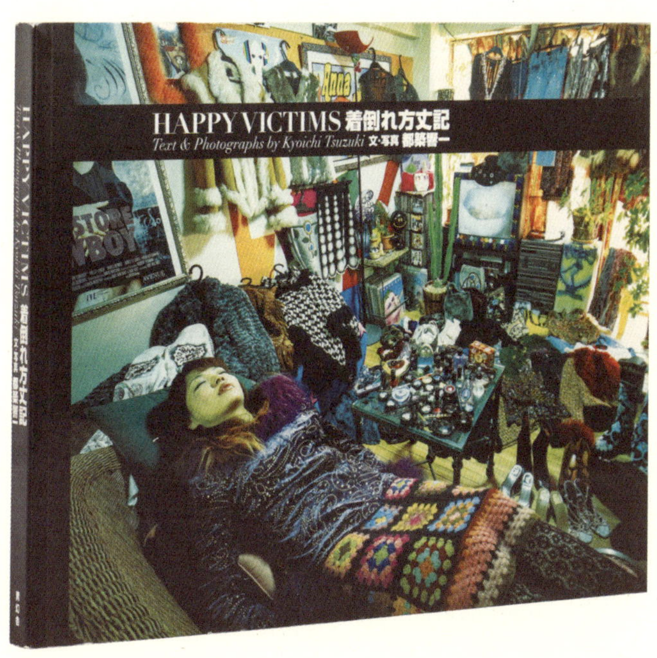

《HAPPY VICTIMS 购衣破产方丈记》

（青幻舍，2008 年）

フェトウス

F ö t u s

他人の目を気にしないツワモノが多い新宿界隈でも、ちょっと目立つ彼、実は特殊メイクの学校に通う、若冠 22 歳のシャイな青年である。瀬戸内海は因島に生まれ育ち、子供のころから「メンズより種類が豊富で、デザインもかわいいレディスの服を着ていた」お洒落さんだが、16 歳のときに福山のセレクトショップで、Fötus（フェトウス）と運命の出会い。『フィフス・エレメント』に出てきそうなサイバー感覚に衝撃を受け、以来「フェトウス以外ほとんど着ない」という一途な着倒れ街道を爆走中である。美大卒業後、専門学校に通いながらフルにバイトして（原宿の洋服屋店員）購入資金を稼ぎ、新宿や原宿の店はもちろん、可能なかぎり全国のショップを定期的に回遊、各地のショップスタッフともお友達状態だ。住まいは「ここも新宿?」と絶句するような、パークハイアット・ホテルそばの古色蒼然たるアパートで家賃節約。夜遊びにもほとんど行かない。いまや 6 年間の努力で 250 ~ 300 着ものコレクションを誇る彼だが、唯一の悩みはクリーニング代。家で洗濯ができない素材が多い上に、特殊料金まで取られてしまうのだ。ちなみにオリジナリティあふれるヘアスタイルは、原宿の美容院で「3 人がかりで 12 時間」かけて完成させる力作。寝るときはどうするの、と聞いたら、「テンピュール枕でうつ伏せに寝てますけど、意外に窒息しません」だって。あ、当然パジャマもフェトウスのシャツとジャージだそうです。

Shinjuku is no place for quiet people and even here he stands out, yet really he's a shy 22 year old. Born and raised on a small island in the Inland Sea, he's been fashion-conscious since childhood, "wearing ladies" wear because it had more variety and cute designs than men's. "Then, at age sixteen, he first encountered Fötus at a boutique in Fukuyama and was struck by the "cyber sensibility" like something straight out of the *Fifth Element*. Ever since then he's "worn almost nothing else but Fötus," making fast tracks on the fashion victim expressway. After graduating from art school, he went on to a technical academy to while fully using his pay from part-timing at a clothing store in Harajuku to make cyclical visits to Fötus Tokyo shops in Shinjuku and Harajuku (of course!) as well as to as many other branches around the country as possible, so he's on good terms with Fötus staff all over Japan. Living in a faded bargain-rent apartment in the shadow of the Park Hyatt Hotel, hardly ever stepping out at night, he prides himself on having pulled together a collection of some 250 to 300 outfits these past six years. His only headache is the dry cleaning bill. Not only can't most of the fabrics be washed at home, they generally require extra-charge special treatments. And just in case you were wondering, his highly original hairstyle took "three people working twelve hours" to achieve at a Harajuku salon. Asked what he does with it when he sleep, he says, "I sleep on my stomach with a Tempur pillow – amazing I don't suffocate." Though his pajamas are a Fötus shirt and jersey, of course!

起床 Wake up

始業 Begin school

終業 Finish school

14:00 PM アルバイト Part time job

21:00 PM 帰途につく On the way home
メイクの練習、読書 Make-up practice and reading

明日のコーディネイトを考えて就寝
Coordinate tomorrow's outfit, then sleep

Photographed in July

跑遍全国各地专卖店收集来的 250—300 套 FOTUS 牌服饰
（出自《HAPPY VICTIMS 购衣破产方丈记》）

或者说“巫师”之流。因此，听到别人给我照片好评固然开心，我还是要随时把作品与报道的区别放在心底才行。这界线只是我擅自画出来的，应该也有才华横溢的人可以轻易跨过去吧？不过我的拍摄对象（不只是刚刚说的美国乡间风景）还挺多是拍法对了就能营造出艺术感的。

可以再谈一下摄影吗？我最早是为了《东京风格》拿起相机。当时主要是使用 4x5 大型相机，所以看起来或许跟一般的报道不太一样。

不过，（我认为）摄影师选用相机不是只会考虑“大尺寸底片分辨率比较高”等技术层面的问题。拍摄对象，或者说被拍摄体跟自己的心理关系也经常会有决定性的影响，你会觉得“这个就该用这个相机、这种形式拍”。

摄影师藤原新也先生有次对我说，单反相机感觉像是把镜头猛地推出去的武器，粗暴地指着对方。4x5 或 8x10 大型相机以三脚架妥善固定，摄影师必须盖着黑布看玻璃上倒映的影像，所以感觉像通过一扇小窗观察外面的世界。然后呢，藤原先生拍人物肖像时经常使用双反相机。我问他为什么，他的回答是，使用双反相机不会直视对方，要从上方低头望进取景器，感觉像是在向对方敬礼，对方也会变得比较客气、表情柔和。听起来像是玩笑话，但经验告诉我，这绝对是真的。

回到《东京风格》。一直有人把日本小公寓拍成“欧美人士瞧不起的兔子小窝”，这类照片多如牛毛，大多是以35mm底片机斜角拍摄出来的，黑白、颗粒感粗糙，摄影师的心情都如实反映出来了：这里真悲惨啊。

但我不像他们那样，我是怀着“有的狭窄公寓也很棒啊”的心情开始采访的。因此我不会采用一般报道媒体摄影师的拍法，而是像建筑摄影家拍知名建筑师作品，或像《家庭画报》拜访豪宅页面那样拍，会想方设法将狭窄、肮脏的住处拍出美感，所以才用那么夸张的形式拍照。这反映出我对狭窄、肮脏住处的感觉，也是我的致敬方式。

尤其如今的数码相机性能日新月异，大家也许会想，只要有好的拍摄对象就够了，照片由谁来拍都不会差太多，但摄影的有趣之处就在于，照片彰显出摄影师意念的程度意外地高。因此，我自己不认为有趣的策划，我就拍不了照，觉得自己不管怎么掩饰都绝对会露出马脚。当然了，世上还有所谓的广告摄影，但那是另一种优异的技术，无法混为一谈。嗯，不过本来就不会有人把那种工作给我。（笑）

网络搜索是种毒品

“你如何找题材？”和“要怎么做才能像你那样瞄准细分市场呢？”大概是我受访时最常听到的两大问题。(笑)

我在这里想大声宣示，从《东京风格》到小酒馆的采访，我访问的都不是“细分小众”，而是“多数人”。比起请知名建筑师设计豪宅的人，租狭窄公寓的居民应该比较多才对；比起约会时选住豪华酒店的人，会挑国道旁情人旅馆入住的人应该比较多才对；吃完饭要续摊时，大多数人不会选择去高级酒吧，而是会去卡拉 OK 小酒馆。不过是这么一回事。

大家都在做的事情，媒体为什么不报道呢？这是我长久以来的疑问。只挑大多数人办不到、只有一小撮人有能耐去做的事情作为报道题材，是因为大家都在做、都在去的地方比较没价值吗？矮人一截吗？前面也提过，由于我实在是看那种挑起羡慕眼光或欲求不满的“体系”（或说杂志构成）太不爽了，我只想跟大多数人待在同一边。因此现在既有媒体几乎都不会给我工作了。(笑)

报道“大家都在做的事情”是怎么一回事呢？其中一个性质是采访起来很轻松。我不是在讽刺，是真心这么说。我报道的不是“不去寻找就难以发现的东西”，而是“到处都有的东西”。小酒馆、情人旅馆、小套房，在我们四周都有一大堆。

因此我的信息来源没什么了不起的，走着走着就会发现东西，朋友会告诉我消息，喝酒时认识的人会介绍给我……当然也会在网络上找线索，但那是我已经有所发现时才会采取的步骤，不会从一开始就在网络上漫无目的地乱逛。你觉得搜索“东京　有趣的地方”会跳出什么东西？（笑）

就算是发现在意的事物才查找，网络搜索若能轻易挖到许多信息，意思就是这个主题已经有人做过了。那么我只要看那篇报道就行了，没必要去采访。

所以，如果我变成杂志总编辑，光在编辑部里上网的编辑我全都想开除。（笑）总之白天待在公司就不行，要自己去外面找题材。假设以嘻哈的报道为例，日本并没有网站可以让我们概括性地浏览国内业界现状，但只要去唱片行或夜店就能找到几十张即将发行的专辑和即将举办的表演的宣传单。展览信息也一样，拜托哪一家杂志提供都远比不上亲自去美术馆、艺术廊看墙上贴得密密麻麻的海报、拿宣传单来得有帮助。

就这个角度而言，我目前最无法理解的就是汇总网站。那不就是擅自复制别人辛苦做出来的东西贴在一块儿而已吗?

我的电子邮件杂志也会介绍到自己无法立刻前去采访的海外的人事物,不过我不会擅自复制粘贴其他人的报道,这是理所当然的。我会使用各种手段试图通过个人网站或脸书与本人取得联络，说明意图后请对方发送资料过来。有几次在通信往来的过程中，刚好有机会在国外某处跟对方碰面。

不管怎么写邮件、发消息都遭到忽略的情况不算少，也有过程顺利最后却搞砸写不成报道的。那是非常辛苦、效率也很差的做事方法，但就是这样做起来才会开心。顺利写出报道的喜悦也特别强烈。

但汇总网站那种喜悦为零，因为写手没有采取什么行动，只是整理收录出懒人包罢了。他们那么做有各式各样的理由，比如赚取网络营销广告收入，但总而言之网站上一点“热度”都感觉不到。我不懂，为什么会有那么多写手在那种地方、通过那种行为消磨自己呢?编辑这种工作的薪水如果换算成时薪，只能用悲惨两个字来形容。做的事情如果不有趣的话，到底还能获得什么呢?

事前调查的功过

我原本是编辑主攻年轻人的杂志，不知为何这几年老是在做跟老人有关的书。从《巡礼:珍奇日本超老传》到《性豪：安田老人回忆录》《独居老人 Style》，接着是《天国有掺水烈酒的味道——东京小酒馆魅酒乱》《演歌啊，今晚也谢谢你——无人知晓的独立演歌世界》《东京小酒馆边走边喝记：妈妈桑，开整瓶的来了！》，几乎都是老人相关的书籍。光把封面排成一排，我自己看了都会傻眼。

但这是高龄化社会所致，不是我有什么“接下来老人风潮要来了！”的盘算才做这些书。我不断在寻找做的事有趣、人生也有趣的人，找着找着，不知不觉间我的书就

变得像《勇健俱乐部》[1]了。(笑)

做这些书时，网络一点儿用都没有，因为老人们根本不用什么网络，有的人甚至没有智能手机和电子邮箱。这也代表，独立网络之外的现实社交网络是存在的。而且就存在于我们一同生活的这一个空间。

Tabelog 或 GURUNAVI [2] 上的饮食店数量多到难以想象，却完全没有卡拉 OK 小酒馆的信息。因为他们根本不需要其他人自以为是的评价，仅仅吃一次早午餐就打几颗星之类的。

1　日本 NHK 生活信息、教育类节目，以老年人为目标受众。

2　日本美食餐厅指南网站。——责编注

P198~P199 左起为《巡礼：珍奇日本超老传》（筑摩文库，2011 年）、《性豪：安田老人回忆录》（Aspect，2006 年）、《独居老人 Style》（筑摩书房，2013 年）、《天国有掺水烈酒的味道——东京小酒馆魅酒乱》（广济堂出版，2010 年）、《演歌啊，今晚也谢谢你——无人知晓的独立演歌世界》（平凡出版，2011 年）、《东京小酒馆边走边喝记：妈妈桑，开整瓶的来了！》（Million 出版，2011 年）

我想采访的老人如果很有名气也就罢了，大多都是一点儿都不有名的人。这时候能怎么办？也就只能大脑一片空白地前往。

有些七八十岁的人没有丁点儿名气，但一直走在自己相信的道路上。如果想去见那样的人，带再贵的伴手礼、递出知名杂志的名片、试着跪地磕头却怀着“我只是把你们当成选题”的想法，对方还是绝对会看穿的。面对人生经验比自己丰富数倍的人，做表面功夫也没有用。如果并不怀着敬意，认为对方在做的事情真的很有趣、很吸引人、很棒，就会被看破心思。大概会有同行心想“我就没被看破”，但对方只不过是心知肚明不说破而已。

去采访时，我会小心不要“功课做过头”。当然了，完全不查资料就过去是非常失礼的。来访问我的写手当中有不少人会说“你的书我一本也没读过，但我常看你的脸书”。（笑）

大多数人都不习惯受访，上网查也查不到什么了不起的信息。我每个月都会见到几十个人，其中名字被登在维基百科上的，大概每一百个人中只会有一个。

当然能查到的事情我都会先查好，但重要的是要将它们再忘掉一次，告诉自己：要让不了解这个人的读者也能进入状况。要是自以为信息都掌握到了，该问的问题就会漏问。

我的目标是，以一般读者代表而非特定领域狂热者的身份发问，写出的报道要让原本对该主题一无所知的人读了也会感兴趣，会想去那地方看看，想见见那个人。

就以靠维基百科做功课为例吧。网络上的信息有非常多是错误的，如果囫囵吞枣，心想“这件事维基百科上有资料”就刻意不发问，写出来的报道就只是扩大、再生产某人的错误罢了。

还有，不要让对方觉得你很懂，对方反而会仔细地告诉你许多事情，这样的案例挺多的。比如采访饶舌歌手，一般音乐媒体的提问人都会若无其事地表现出自己也“很懂”，然后开始聊圈内话题，什么“这张专辑的概念是什么”“选择这位 DJ 搭档有什么特殊意义”之类的。

这时，如果有个年纪大到可以当他爸的大叔冒出来问音乐杂志根本不可能问的问题，比如“你小学时是个什么样的孩子”，对方就会心想，这家伙什么都不懂嘛，然后娓娓道来。

我自己受访时经常碰到的情况是，提问人打开笔记本，看着“想问的问题”清单一个一个问出来。又不是在做问卷调查。(笑）预先设想对话的发展方向，那么对话就不会有意料外的展开。那样应该不会失败，但也不会有意料之外的成功。

访问某人前先大概设想希望聊的方向或许是好事。所谓的准备不是假定结果，而是打好基础。啊，那个人有那种意图，想写出那种报道——受访时，一旦像这样看破对方手脚，自己说的话也会变得无聊。

访谈说到底没有诀窍。对话是双方好奇心与经验值碰撞出的火花，所以我想，唯一的正确方法就是尽可能对许多人、事、物保持兴趣，尽可能去认识多一点人了，别无他法。

问题7

你认为出版的未来会如何？

远离书本，离到哪儿去？

如今最有活力的出版形式就属自费出版或 zine 了吧。在做的人、表示想做做看的人都多得不得了，我看了就想：什么年轻人都远离书本啊，现在的中老年人说不定更远离书本吧。

汽车业有车展，同样地，出版界也有书的展售会，就是书展。日本规模最大的书展是东京国际书展（Tokyo International Book Fair），由日本书籍出版协会或日本杂志协会等单位主办。2015 年的摊位数是 470 个，基本上日本各地的出版社都会参加，不过大家都说办得越久越无聊。参加者约有 4 万人，但几乎都是业界相关人士。（笑）

与它形成对照的是东京艺术书展（Tokyo Art Book

Fair)，与出版业界无关的独立活动，2009 年开办，一年比一年盛大。开始是以神田的废弃校舍改建成的艺术千代田 3331 为会场，但那里马上就显得过于狭小，后来转移至京都造形艺术大学和姐妹学校东北艺术工科大学的外苑校区举办，2014 年那次人多到动弹不得，整天都挤得水泄不通。

国内外的艺术出版社也会参加艺术书展，不过主角仍是自费出版、zine，或简单说就是普通人的自制书摊位。后者有趣多了。出版社的书可以在书店或网络上购买，不过许多 zine 你要去了会场才会发现，而且大多时候是直接向作者购买。

对我来说，抽时间去会场发现新书、发现新作者是非常重要的。与其突然写一封电子邮件或通过社交网站邀访，还不如去会场跟作者碰面，并在买卖聊天的过程中认识彼此，提出采访邀约才会让对方更感兴趣。我这次认识的人也多到名片不够发，书也买了一大堆，买到途中现金不够还得跑到提款机去。我是骑自行车去的，车篮子根本放不下书，着急得不行。(笑)

我在会场外巧遇摄影杂志编辑，结果他说：“实在是，顿时变得好无力啊。我们杂志读者都是老年人，销量衰退也很严重，这边却有这么多年轻读者在制作、购买摄影刊物。”说到摄影界的重量级杂志，有《朝日摄影》和《日本摄影》两本，不过核心读者应该都是60岁到70岁后半的老年人，里头甚至有订阅50年的强者，编辑部当然很难打出新策划，只能一再推出同样的主题，春天的樱花、秋天的红叶，然后就是富士山之类的，在这个数码相机时代还得做“银盐底片啊，卷土重来吧！”“梦想中的徕卡相机”之类的特辑。

换句话说，拍照的人明明在增加，摄影杂志或摄影集却卖不动的原因只有一个：内容太无聊了。如今有谁不用智能手机拍照，没有吧？脸书仅在日本就有2000万使用者，海外的每月活跃用户有15亿，主打照片的Instagram在全球共有4亿名每月活跃用户。19世纪摄影术问世以来，应该没有哪个时代拍出的照片数量能与今日匹敌。

不只艺术书展，Comic Market也是“出版极度不景气”中依旧热烈轰动的活动。我大概两三年去一次，不过那里的自费出版能量还是跟从前一样旺盛，完全没有衰退。根据我手里有的数据，2015年8月的夏季Comic Market入

场人次为55万，最近似乎有一半的人都是同人系的。(笑)

也就是说，有几十万个人心想，有些书不早点儿去会售罄，所以一大早就开始排队，拼命买非全职创作者做的刊物。Comic Market 历史悠久，大家大概已经习惯它这种形象了，但实际场面真的很惊人。

没去过 Comic Market 的人也许只会觉得“那是御宅族的节日吧”。但并不是所有摊位都只以动漫为主题，另外也有文艺区，找得到诗集、摄影集、游记等各种类型的作品。我很久以前就偷偷考虑做自制书去摆摊了。从国外来摆摊的创作者一年一年增加，整个活动变得比东京国际书展还要国际化。

参展的漫画家或动画家中，有人已不将商业杂志放在眼里，靠 Comic Market 的自费出版物销售所得过活，如此案例并不稀奇。商业漫画界多是“杂志稿费跟劳力不成正比，从一开始就只能指望单行本版税”的情形。书要是能卖得像《海贼王》那么好就会有可观的收入，要是卖不了那么好呢？假如版税率以10%(通常会比这还低)计算，定价1000日元的书，每卖1本，作者只能拿到100日元，卖1000本10万元，卖1万本100万元。不过要是委托专门帮人印刷自费出版物的印刷厂，以费用便宜的规格印制作品，然后自行贩卖的话，扣除成本后的所有费用都是自己的收入。版税率不会是 100%，但销售所得的一大部分都会是自己的。如果自费出版作品集售价 1000 日元，卖 1000 本就是 100 万日元。况且如今印刷成本也在急剧下降。

再说，在商业杂志上画漫画，编辑经常会提出各种意见，从画风到叙事都要管，管得很细，但自己画就完全自由了，不会被说“你画得太色情了，不能摆在便利店，给我重画”。所以说，自费出版虽然不可能铺 100 万本书到全国各地的书店去，但印量 1000 本上下的书还是自己印、自己卖才会有比较好的收入，还能照顾到心理健康。

电子书也一样吧。内容全部由自己制作，然后利用 Amazon 等各式在线销售平台的话，自己大概可以拿到销售所得的一半左右，但日本出版社开出的版税率几乎都是 15%，明明是电子书啊，真搞不懂为什么。我甚至怀疑那是出版社串通好的。

好几年前就开始有所谓的“自扫”[1]风潮，对吧？但

---

1 原文为“自炊”，指扫描自己拥有的实体书、制作电子版。

有些作家表示“反对店家代为‘自扫’”，还提出了诉讼。这些反对派都是浅田次郎、林真理子等畅销作家，就算不去取缔低调自扫的人，书还是卖得很多，版税还是赚得很多啊。

稍早之前还有完全一样的情况，就是数字音乐下载服务。像 iTunes 这种服务刚出现时，最猛烈反对“可复制音乐文件”的全是超主流音乐人，可是对销售成绩不好的音乐人来说，让更多人知道自己作品才是更加重要的，哪怕只有多一个人知道。

说到底，反对盗版的，就只有不担心盗版也可以的有钱作家。因此我认为，网络、自扫、自费出版体系、新诞生的技术或媒体基本上是穷人的武器。因为有钱人不需要任何变化。

“超素人之乱”

比起出版界齐心协力举办的书展，东京艺术书展或 Comic Market 这样的独立活动还比较兴盛。这种现象代表什么呢？简单说，就是“超素人之乱”。有本书叫 *Local*（Aspect 出版），2001 年上市，内容是将《珍奇日本纪行》里的照片、文章和大竹伸朗的画做了平面设计感十足的混搭。书名取了个副标题“超穷乡僻壤之乱”，我说的“超素人之乱”就是从那里联想到的。

我不知道出版界这个圈子是什么时候形成的，不过从古登堡时代开始，书籍应该就是专业人士制作的东西了。一般人不可能因为想做做看，就随便买台印刷机，就算真的做了书也无法铺货、售卖。亲手卖书给朋友也只能消化掉一些库存吧。还有，印刷这种技术就是要大量复制才会便宜。“限定 100 本”的书若换个角度看，就等于是以书籍为形式的版画。

如今超素人们能够自费出版、做 zine，能够依照喜欢的方式呈现喜欢的事物并交到喜欢这些东西的人手中，都是拜数字科技与网络之赐。我擅自认为这是 20 世纪末的媒体革命。

我刚在杂志工作时，别说个人电脑了，连打字机也没有，稿子完全手写，拍照是用底片机。以活字排出内文的版，加上照片或图片进行编排等工作都各有专人负责。照相排版、负责排版的设计师，以及之后的印刷、装订、交货给经销商、在书店售卖也都是专人的工作。像那样从上游到下游、由专门工作者完成的流程可说是日本出版界花了长年时间建构起来的体系。

如今这体系发生了戏剧性的变化，一切感觉发生在一夕之间。以前甚至有擅长解读字迹潦草原稿的专业照相排版人员，如今几乎所有文字工作者的稿子都是用文字处理软件写的，设计则使用桌面排版软件。苹果、微软、Adobe 的软件并不会因国家或地区不同就有功能上的分别，因此全世界的规格皆同。不同人的使用熟练度也许会有差异，但专业人士用 Photoshop、Illustrator、Indesign 并不会做出分辨率比素人高的设计作品，同一台数码相机交到专业摄影师手中，画质也不会变好。再说，买不起高价设计软件的话，其实 Word 或 Excel 就能拿来设计和画图了。Adobe 的软件不会依照各国经济情况调整售价，不过发展中国家有大量盗版软件流到市面上，其实要入手或学习操作都很容易。(笑)

印刷的情况也相同。过去，印刷和铺货对想要小印量出版的素人而言是一大难关，但现在有的印厂提供输出服务，也有专门帮人印小量自费出版物的印刷公司。如果想彻底自己制作的话，可以买企业租约期满的便宜复合式复印机，一张一张印出内页，装订再交给业界人士处理即可，还可以用简易装订机或订书机解决。

我第一次挑战自费出版是在 1990 年，做的是大竹伸朗的作品集 *Shipyard Works*。后来我们又一起做了好几本作品集，每次都得骑轻型摩托车载书跑东京的书店，求见采购负责人，问："我做了这样的书，可以在你们店卖吗？"那是将近 25 年前的事，当时根本无法想象在网络上卖书是怎么回事。

有些书店不带感情地拒绝："我们不通过经销商无法进书。"也有书店会说："感觉很有趣，来卖吧。"书店的回答未必跟书店规模正相关。这样说或许有点夸张，但我认为他们的答案透露出书店的精神。当时拒绝我的书店，我到现在还是很讨厌。(笑)寄卖的书卖完后书店会联系我，我就再骑车去补货，去了还可以跟店员好好聊天。

如今，可以寄卖刊物的在线商店多得不得了，自己要建网站加上购物车功能也很简单……没想到这种时代这么快就来了。不过呢，唉，还是直接带着商品去店里跟店员聊天比较开心。因此我现在还是常自己送货，即使对方说“宅急便寄过来就行了”也照去。收货的店员都很忙，所以我这样说不定是给人家添麻烦了。

不只日本，世界各地的自费出版之所以能兴盛到今天这样的程度，最大的原因一定是可以靠网络卖书。

网络普及前，能卖书的地方只有书店。个人根本不可能自己担任经销、开设收款账号、批货给书店，所以要出书一定要通过出版社。一般而言，大出版社的影响力比小出版社大，也跟更多书店保持紧密关系，能铺货的店数比小出版社多。因此大规模、资金雄厚的出版社在各方面都掌握了优势。

网络的划时代性就在于消灭了这种“规模的优势”，将它化为零。出版社规模、跑书店业务的人数会影响到铺货量。世界上有许多以最少人力勉强出版好书的出版社，但他们的业务人数不足，书的印量也不多，就算想将书铺到全国各地也办不到。想买书的人就算向书店订，什么时候会到货也不知道。然而，网络打破了这种经济权力关系制造的阶级。

网络书店的话，不管你是大渠道、中小型渠道还是个人店铺，读者从你那里看到的都是同样格式的信息。不管是什么样的书，基本上都以平等条件问世。也就是说，无名的个体户做的书和大规模出版社的书得以站上同一个擂台了，这是有史以来第一次发生的情况。若上网搜索，讲谈社或新潮社的新书介绍页面不会突然比小出版社大上几百倍，分辨率也不会大上几百倍。搜索时跳出来的顺序或许会有差别，但作品一旦产生话题性，名次就会不断提高，哪怕书是小出版社出的或是个人出版的。音乐和影像作品也完全一样。若在 Youtube 上听音乐，泰勒·斯威夫特的新作音量并不会比独立乐队大好几百倍，音质也不会好上几百倍。我认为网络的本质就在这里。

开始懂得活用网络，从世界各地买自费出版物的机会也增加了。这对我来说，也许算得上是一大变化。过去，国内外文书专卖店不引进的书就只能去当地买，因此我每次出国都得在书店待很长时间，回国时一定行李超重，如今有 Amazon 或出版社、小卖店的购物网站可利用。我现在不只日本的，连美国、欧洲的 Amazon 或大型连锁书店的购物网站都很常用。还不仅如此，作家自己的网站也多了 Paypal 之类的结账功能，可向本人直接购买，也有越来越多人提供专用平台数字下载电子书服务了。现实生活中不认识的脸书好友发布的相关消息也经常出现在我的动态时报上。如今我们已能简单地买到国外的出版物，感觉跟挖掘国内小印量出版物没区别，这种情况只能用“划时代”来形容。

还有，最近偷偷观察地方书店咖啡馆和杂货店也是一大乐事。当地人做的 zine 等出版物，往往只能在那类店里找到。他们不通过既有的书店，而是希望在书店、咖啡馆和杂货店展售自己的作品。

一旦获得了以自费出版形式独立推广本地文化的能力，大家就不需要东京了。只要待在故乡，着眼脚下土地，自己把感兴趣的事情做成书，然后在自己人之间买卖就行了。东京的出版界再也没有插手的余地。因为不身处该地的人，一定找不到该地“正在发生的事”。

自费出版、电子书、网络销售等新的书籍形式与销售渠道诞生后，出版界应该会面临巨大的变化。规模优势只是将起跑线的位置往前推了一些，胜负不会由出版社知名度而定，书的内容才是一切。旧有的宣传、广告、跨媒体制作（笑）等手法的效果将会越来越弱，第一线的人应该最有体会吧。如今“书店店员选书”受到瞩目，同理，没有比口口相传更强力的宣传了。现下的口口相传除了真正的“口”之外，还有推特、脸书、LINE、Instagram 等各种“口”。

因此，现在待在第一线的二三十岁的编辑或出版业相关人士应该要有自觉：你正站在一个关键非凡的重要转折点上。对大多数出版社而言，做纸书然后将它电子书化就是一个全新的挑战了，但下一个阶段一定会来临，而且会来得很快。图书像音乐那样云端化的时代是必然的未来。即便你不一本一本买书，也可以利用网络图书馆之类的服务，支付月费随意阅读。利用有线电视收看电视剧或电影的人应该已经了解其方便性了。在日本的电子杂志和漫画的圈子里，已经开始提供这种服务，我也已经装了两三种 iPad 用的 App。如此一来，书也不会走上绝版、被销毁等悲哀的末路，而且说到底，市面上 90% 的书只要看电子书就够了。

极少数的书，你会想当成玩赏物、收集品。实体书只要做这类的留传后世即可，远比现在环保，而且从某个角度来看，也比较健全。作为实体物件的图书有压倒性的存在感，我并不希望它消失，而且它应该也不会消失吧。只不过它会变得像黑胶、录像带、DVD 那样存在于媒介形式的边缘，恐怕是不会复活占据主要位置了。

我现在其实有个想法，耗费了非常多的心思在上头，那就是独立将长期缺货或出版社宣布绝版的过往图书推出增补修订版电子书。电子书跟实体书不同，完全不用担心“全彩太贵了”“页数过多无法装订”等问题。如果将分辨率调高，一本书的档案会变得很大，但可以呈现出远比实体书还美的画面，连细节都能让读者看得一清二楚。包含我在内的许多摄影家已经不会把底片放到灯箱上用放大镜看，然后在暗房里冲洗照片了。用数码相机摄影，然后用电脑屏幕观看影像已成了我们的标准作业方式。顺势思考下去，你会不会有一个感觉呢？拍照的人与其将四色分解后的图像平版印刷到纸上，还不如让读者通过屏幕看自己平常看到的画面，这样一来与他们的联结感还更强。

问题 8

为何开始经营网络自媒体？

不是因为想做才去做

我现在的工作重心放在2012年1月1日上线的付费电子邮件杂志*ROADSIDERS' weekly*上。杂志每月发送四次，每次都在星期三凌晨5点。运作方式是通过电子邮件发送一万字（有时超过两万字）左右的报道，加上两百张以上的照片或视频、音频文件，报道主题广泛，艺术、设计、音乐、摄影、旅行、电影、饮食都包括在内。

网页设计和发送机制等技术性的部分委托朋友的网页制作团队处理，文章、照片、音频文件、视频等素材全部都是我自己提供的。每期内容的一半到三分之二都是我自己的照片和文章，再加上我受委托连载的稿件内容，整理完毕后交稿给网页设计师，排版完成后再校对、发送……

每个星期都要重复这个流程。

开始是以自己做的报道组成百分之百的内容，不过后来开始请艺术家或写手开连载或提供单篇文章。我一开始就希望最终能以这样的形式进行。我并不是希望在网络上创造专属于我的“作品”，简单说，只是想用电子邮件杂志的形式做“普通的杂志”。

业界的摄影师也好，艺术家、写手也好，有的人做的东西非常有趣，有的人追踪着有趣的现象，但经常找不到媒体可以发表这些内容。现在的杂志几乎都以维持现状为最重要命题，根本不愿意报道无名、业余创作者做的东西。这情形一年比一年严重，因此我才有了一个痛切的想法：想做一个平台给他们当“宣泄”出口，让他们觉得“如果是在那里就行得通”。

检视自己所置身的处境会发现，尽管我有长年工作资历，业界内也还算有人脉，这几年能让我写稿的杂志还是一再减少着。原本给我四页篇幅的编辑后来只给两页，不久后杂志本身也消失了。（笑）或许这样说很怪，但我真心觉得，连我这样的老鸟都面临如此处境，那年轻的自由接案编辑、写手、插画家、摄影师要怎么填饱肚子啊？着实令人担心呢。而且上面的人又迟迟不肯让位——我说这句话尽管也有自我警惕的意味。

我随时都有一大堆想采访和想报道的事情，于是会拼命地说明策划，试图说服年轻编辑。起先说“真有趣呢”，后来又回“无法取得上司同意，选题过不了”还算好的，不知不觉间音信全无的情况更多。就在这几年，我实在受不了说破嘴却零成果的状态了，最后抵达的单纯结论便是：只能自己办杂志了。

要是我有几千万元的资金，当然会想出纸本杂志。但那境界离我实在太遥远了。如今上街碰到法拉利和保时捷，我还是不甘心地想，要是我有一台，杂志就能创刊了！（笑）

因此我打一开始就只考虑发网络杂志。2009 年，我一面寻找可个人经营并以收费制发送内容（才不会做得很吃力）的平台，同时开了一个免付费即可浏览内容的博客“roadside diaries”，想先习惯网络文章的写法。我到现在还没有删除上面的内容，想看的人可以去找。

网络这个媒介跟印刷物不同，大家未必是使用个人电脑阅读上面的内容，也可能是用平板电脑或智能手机。很多人会用小屏幕看，因此我第一个设定的基本规则是写文章要多分行才会好读，接着又进行了各种测试，研究图片和文字该如何搭配才容易阅读，寻找让人直接阅读长篇报道、不用一直按“下一页”的方法。同一时期，我每个星期不断在博客上写文章当作自我训练，就这样持续了三年。最大的原因是，我要等待不需成立公司组织，能以个人名义收受每月 500 日元、1000 日元左右小额款项的平台在日本发展到位。到了 2012 年，我总算推出了周刊电子邮件杂志 *ROADSIDERS' weekly*。现在由衷感到后悔的是当初没有设定为两个星期发行一次的双周刊，那样会轻松许多，但已经来不及了。(笑)

要靠网络上的文章获得收入，首先可以考虑网站浏览免费、导入一大堆广告的方式，要设定成收费阅览制的话也有网站、博客等形式可以选择。最终我决定采用电子邮件杂志形式，第一个原因是信寄到后点开就能立刻看。

如果是网站或博客的话，收到“本周已出刊”的电子邮件告知还得点开链接才能阅读内容，总觉得多点这一下鼠标是一大障碍。我不要那样，我希望所有内容以一般电子邮件的形式送到读者手中，一点开报道就跳出来，锵锵，所有内容都在那封信中，而且不需要点“下一页”。我想做的就是那种大长篇绘卷型的网络杂志，所以杂志名称甚至曾想取作“SCROLL”，意思就是卷轴。

还有，如果以网站或博客为平台，要进行相当麻烦的处理才能维持它在个人电脑、平板电脑、智能手机等各种设备上的视觉效果统一。逛网站时常看到“手机版请点击此处”的按钮吧？但电子邮件就不一样了，阅读设备不同的话，单行字数等文字组合会产生变化，但内容是相同的。而且不需要电子书的专用阅读软件，只要能读电子邮件即可。我希望做的就是这么单纯的杂志。

考虑到数字时代的编辑设计，将来大家一定会切换成那种弹性十足的风格，或者说不换也不行。因此我认为电子书阅读程序那种触碰画面边缘产生的翻页效果完全是多余的。为了那种特效，读者还得下载电子书专用软件，让文件读取速度变慢——竟然不惜做到这个地步也要模拟纸书。为什么要搞出没有专用软件就无法阅读的形式？最大的目的八成是要防止读者外流吧。

还有一点，电子邮件是最能直接连接写手与读者的媒介。电子邮件基本上是“私信”，相对来说不会有“内容违反博客服务提供者方针而遭到删除”的情况。但谷歌、苹果、雅虎等免费电子邮件服务的提供者会检测图片或单字中的“色情成分”，擅自将我的信判定为垃圾邮件，拒绝发送。唉，不过内容的自由度还是很高的。

现在市面上有各种电子邮件杂志，也许有人同时订阅好几种吧。它们几乎都是以文章为主体，顶多在一个个空当中插入几张图片。

如果想做那样的杂志就不需要从零开始建构自己的系统。目前已有好几家公司提供电子邮件杂志平台，利用它们就能轻松创办自己的杂志。你只需要写好稿子送过去，发送和收费都交给平台处理即可。

我一开始也考虑使用现有系统，但可放的图片数就是不够。我不是要放 10 张，我可是想放 100 张！但世界上没有任何电子邮件杂志平台可以实现我的野心，最终还是只能自己租服务器，从零开始打造发送系统。非常费功夫，但也因此成就了别处看不到的内容。

不只电子邮件杂志，只要博客和网站文章稍微长一点就会出现“下一页”按钮。看了就烦的应该不只我一个人吧？就技术而言，根本没有换页的必要，那样安排的主要目的只是为了赚点击数、增加网络营销广告收入。网页设计教科书解释说要维持“易读的信息量”，根本一点说服力也没有。

纸本杂志、书会有重量、厚度等分量感，一眼就看得出“自己读到哪里了”以及“还有多少待读”。

电子媒介就无法给人直觉性的分量感，顶多标出页数或告知“还要多久才能看完”。

不过 *ROADSIDERS' weekly* 每一期都长得简直异常，而且像是不分页的数字卷轴，从上方一直拉到最下面就能读完。不过经常有人说，怎么往下拉都拉不到尽头。(笑) 最近期数的内容实在太长了，有的 3C 产品无法显示，我不得不分成前篇、后篇，有时甚至会分成三次发送。

拉动页面时，画面边缘的卷轴会跳出来，并随着阅读过程往下移动。如果一个页面非常长、文件很大，再怎么读卷轴都不会有什么移动。因此做杂志的过程中，我发现电子媒介上的“分量感”是以卷轴显现出来的。读了又读，读了又读，却发现“什么？！还有这么多！”这正是卷轴能给人的感觉。因此将报道分页是行不通的。

电子邮件杂志还有几个优势。比方说纸本杂志一旦出了新一期，之前的就只能去二手书店找。电子邮件若不删除，随时可以读。就算删掉了，订阅者只要上专门网站就能免费浏览过去所有期数。数据库内已经收集了 600 期以上，也能依类型搜索，要将所有报道读完应该相当耗时。你不需要将好几百本过刊杂志堆在地上，也不需要剪下页面归档。形式是电子邮件，所以全部的内容都没有防复制(想建立这种机制也没办法)，读者要挑出喜欢的文字、图片复制存放到其他地方或转发给其他人也很简单。

我从一开始就在 *ROADSIDERS' weekly* 提倡“复制粘贴请尽管来”，不采取任何保护措施。要引进防复制系统相当花钱，而且更重要的是，我不希望这杂志失去自由度，这也是选择电子邮件形式的原因之一。

之前在聊数字音乐下载时稍微聊到防复制这件事。不过大家要先有个概念，我做的东西不是“作品”，而是“报道”。与其严密保护报道作者(而且作者就是我啊)的权利，不如尽量让信息扩散，让更多人知道这些事，哪怕只多一两个。写那些事、拍那些照就是我的职责。最近有越来越多展览或演出现场表明“允许个人用途的摄影”，与其说美术馆和艺术廊的观念革新了，更可能的原因是主办方明白了一个事实：让来客用智能手机尽情拍照，上传到社交网站上（“这展真有趣！”）扩散消息比什么宣传都有效果。如今不管采用多严密的防复制手段也没意义了，一般人可以截取屏幕画面或翻拍照片、视频。我不禁认为，数字时代的“防护”在本质上是一种违反潮流的技术。

而且更重要的是，发布报道的速度很快。可以趁信息仍有生命力时送到世人手中。如果是纸本杂志的话，截稿日再怎么拼也得定在上市的几个星期到一个月前，报纸的文化相关版面最晚也得在一个星期前截稿。而 *ROADSIDERS' weekly* 在星期三凌晨 5 点发刊，图文素材只要星期一拿得到就能不慌不忙地发出来，真的很紧急的话星期二晚上也还来得及！

正因为如此及时，我可以真的去看某个有趣的展览、拍摄会场照片、访问创作者，写成报道后在展期内发送出去。不管是哪一家美术杂志，顶多只能做展览预告或回顾报道，除非展期真的相当长才能做即时报道。因此电子邮件杂志的“物件价值”虽然不如装帧豪华、时尚感十足的杂志，却拥有瞬间爆发力。“持有”它不会开心，但它充分具备报道所需的实时性。

因此，我现在都快 60 岁了，还是过着每个星期被截稿日追赶的生活，去任何地方都带着笔记本电脑，零星的写稿时间都不肯浪费。20 岁左右开始工作，将近 40 年后的现在绝对是职业生涯最忙的时期。我已经没有熬夜的体力了，说辛苦确实辛苦，但并没有压力。

有了想做的事，然后努力去实现——这是正向的辛劳，并不会那么难熬。所谓的压力是“明明不想做却非做不可”时感受到的内心负担。

我这把年纪的人如果待在出版业，很多都已经变成董事或总编了。然而，总编这个头衔虽然很了不起，现实中往往是最无聊的职位。

因为跑第一线的人永远是普通员工或公司外的接案者，自己就只是在公司内等稿子而已，还有跟业务部和广告主等人开会。也许有人做这些会感受到人生价值，但“觉得采访很有趣才成为编辑”的人一定会感到乏味，下属不照自己想法行动就鸡蛋里挑骨头。

编辑这份工作的醍醐味是自己去采访、发现新事物、认识新的人，没别的了。因此我想继续靠自己的脚步前进，发现新事物，只要还走得动就要一直走下去。打造这个媒体只是想让自己永远都能前往第一线。

何谓“产地直销”媒体?

有个说法是,每个人的人生都有一次转机。照这样看,我第一个转机应该是制作《东京风格》的时候吧。我买了相机开始拍狭窄的房间,渐渐得以着眼于普通生活的好,看得出优秀的部分。这跟做杂志追着流行最前端跑的观点完全不同,所以我的视野也变大了。我认为接着来临的第二次转机,就是电子邮件杂志的创办。

首先改变的是金钱收支。以前我都是靠杂志稿费或书籍版税生活,采访花费几乎每次都是由出版社承担。创立电子邮件杂志后,再也不是某家公司支付稿费给我,而是订阅用户直接向我买文章或照片……或者说买资讯比较准确。

ROADSIDERS' weekly 每月发送四次,订阅费用是每个月1000日元。我向订户拿钱,然后代替他们去某处、见某人、写成报道这种形式的资讯后再反馈给订户。订户觉得有趣就会继续订阅,我再拿他们支付的钱去别的地方。这可以说是“产地直销”的形式,写手和读者之间完全没有任何中介、直截了当的媒体。因此对我来说,电子邮件杂志的订户与其说是过去那种“读者”,感觉更像“赞助者”

和“陪跑员”。

通过社交网站能看到读者的真实反馈，这点影响也很大。每天都接触到各种心声：报道太长了读不完；色情照片太多了，无法在电车上读，因此退订了；考虑两年，总算决定要订阅了；我看了那篇报道介绍的展览！……在纸本杂志写稿的时代，我只能根据连载内容集结成的单行本销量，去判断读者对我文章的共鸣程度。杂志就算大卖，也无从得知功劳该归给我的文章还是卷首裸体照（可能是后者）。

换句话说，如果卖不起来就没有借口可用了。纸媒时代，杂志卖不好还能辩解：不是自己的报道害得，是特辑太俗气了。然而，一旦经营如此贯彻个人风格的媒体，订户减少的原因必然出在自己身上。订户数与销售额相等，要求条件非常严苛，但写手与读者间“一对一”的感觉是纸媒时代完全比不上的。这就像原本通过农业协会卖蔬菜的农家以产地直销为目标，开始在网络或路边摊售卖收获作物，谁买的、他们用什么眼光看待产品，卖家都会深切地感受到。对创作者而言，没什么比这更大的动力了。

东西有趣的话，读者就会留言指出哪里有趣，出错立刻会有人挑出来。不管在哪个领域，一定会有比写手还要懂的读者，但媒体和读者距离一拉远便会无感。一个月后收到读后感回函，读了大概也不会有什么感触，但电子邮件杂志的话，发送后的几个小时内脸书或推特就会出现读者的反应了。

ROADSIDERS' weekly 的订户当中，有许多人旅行经历比我丰富、精通各个领域，但大多数人都为了一天又一天的生活汲汲营营。看到什么觉得很有趣也不能告诉自己"那明天就去看看吧"。有感兴趣的人也不至于想特地向他搭话。我只是收下名目为订阅费用的钱，代替大家去完成这些事情罢了。

最近我深深地想，专业人士也就那么回事吧。比方说，只要是人都会在意"自己为何而生""死后会如何"，但如果每天不断思考那些的话根本无法工作。因此哲学家会花一生的时间代替那些人思考问题，然后整理想法成书，请大家买回去读。有人代替大家深思，有人代替大家远行，有人穷究美食……而酬劳酬谢的正是他们这些劳动。开始做电子邮件杂志后，这个感觉变得非常强烈。

将发表报道的平台从纸媒转移到网络上有什么区别?

我想了想，觉得“没有了量的限制”应该是最大的区别。

要在杂志上写一页报道，得先考虑字数 1500 个、图片 3 张等篇幅问题。篇幅事前已决定，所以如何整理内容就变成了工作要点。然而，网络媒体基本上没有篇幅限制，要写 1500 字也好 15000 字也好，不会有页数增加、印刷费增加的问题。胜负的关键不再是“统筹整理的功力”，而是“能抛出多少东西”。而且不只文字和图片，还能放音频文件或视频。对始终在纸媒上工作的人而言，这是相当新鲜的刺激。

经常有人说，写文章要考虑起承转合。也就是如何开头、如何展开并导向结论，好完成一篇文章。

写小说、散文之类的文字作品若没有起承转合会很难写，但我写的是报道，不是作品。文章稍微有点完成度比较好，但塞在里头的信息的质量才是更为重要的。因此，我开始在网络平台上写文章后，留意的部分不再是“统筹整理得如何”，而是“有没有办法将我看到、听到的事情正确、毫无疏漏地传达给读者”。

书有杂志、单行本、文库本等规格，但网络平台的内容会依读者使用的电脑、手机等设备产生格式之别，这是相当重要的区分。屏幕大小不同，单行文字数也不同，下载阅读或在流媒体阅读的速度也不同。网络平台对应的阅读环境如此多样，真的有“适当文字量”这种基准吗？我不知道。也许有人会认为“在网络平台上易读的字数是这么这么多”，但我觉得这种事没人能说得准。

不只文章写法，我觉得照片拍法也变了。从前做两页报道，我会有主要照片 1 张，说明用照片 3 张等设想，因此我会在有限的张数内尽量多传达一点信息。也就是说，主要照片我会费心多拍一点东西。

然而，一篇报道能放的照片若不是 4 张，而是 100 张的话会如何呢？要考虑的不再是“哪张照片当视觉重心”，而是要尽可能从各种角度拍摄，呈现各种细节，以它们的集合创造一个形象——这样的趋势会渐渐形成。如手机那么小的屏幕也非得照应到不可，但网络内容的格式又不能像实体杂志那样设定图片在页面上显示的大小。因此，与其拍一张决定性的照片，还不如累积各种角度下的画面，创造一个全体，嗯，可说是立体派的结构吧。

我最近的书有不少是先在网络连载才集结出版的，比方说《独居老人 Style》是在筑摩书房运营的网络杂志上，

《天国有掺水烈酒的味道——东京小酒馆魅酒乱》则与广济堂出版的编辑搭档，在我的博客上连载。两本都是以极长无比的访问为中心写成的报道，如果原本是在纸本杂志上连载，内容应该会变得大相径庭。

就算访问好几个小时，听了许多有趣的事，还是得为了纸媒上的文章长度限制做取舍，整理成自己的文章。但我认为，有些人或场所的趣味得通过细节的累积才能呈现出来，例如惯有的说话方式、偏离主题的谈话内容等等。如果在自己的文章里写说“有这么一个人，他的生活态度饶有兴味……”，那只会写成一个“有点棒的故事”，但要是连对话内容和对方的语调都直接再现，就能传达出一个人的深度或场地的气氛。尽管同时也会直接导致“长过头，无法轻易读完”的形式。

那是网络独有的特性。而网络跟纸媒并没有优劣之分，我们只能慢慢寻求两者各自妥善的运用方式了。不为自己的电子邮件杂志，而是写别人发给我的案子时，我得思考不一样的运用手法、书写方式、拍照方式，实际操作起来相当困难。

点击数是妖魔

如前所述，针对读者的市场调查我一次也没做过。做 *ROADSIDERS' weekly* 时，我从没希望所有订户都会喜欢所有报道。

任何杂志的书末都有“读者投稿刊载”之类的页面对吧？那真的很恶心，跟电台节目的“我总是听得很开心！来自‘黎明的咖啡’先生”一个样。

首先，让读者知道自己受到夸奖是一件很丢脸的事吧。*BRUTUS* 创刊时甚至把读者投稿页面整个儿拿掉了。再说，说杂志“好有趣”的评语大多写在抽奖明信片上。(笑)

如果有人在脸书或推特上说“很有趣”，我看了会很开心，但不会因此多增加该类报道。我当然也不会做读者问卷。

大众媒体总是爱做某某问卷调查，但借此测量到的“自己与读者间的距离”并不真实吧。一言以蔽之，问卷就是取平均值、“少数服从多数”，根据数量最多的建议制作下一次的报道或节目，但最多人感兴趣的必定是最无聊的事。我的报道是为了落败的少数做的。

电子邮件杂志每年都会举办一两次“网友聚会”，不只在东京办，偶尔也在大阪，热情洋溢的订户会远道而来参加，光是一起喝酒就开心得不得了。不过有次某读者对我说：“如果有在脸书写大长篇回复的闲工夫，还不如拿那时间来仔细读报道。”我大吃一惊。

网络营销业界以点击数或点赞数认定网站的成败。但据经验来看，这种判断一点也不准确。他们只是没有其他材料可供判断了，就像电视业界只有收视率这个准则。

ROADSIDERS' weekly 的脸书每个星期都会告知读者当期有什么报道，嗯，感觉就像数字版的电车车厢广告。有的报道会有超过一百人分享，点赞数有时会有数千，甚至远超过一万，底下的回应却不会越来越多。

起初我不懂原因，也不知该如何是好。我几乎每周都在编辑后记写：“期待各位发表感想。”却完全没人回应。不过我后来渐渐懂了，在脸书或推特转发文章的人未必是认真的读者。

当然，转发者和认真读者之间是有重合的，但真正读得很仔细的人大多少话，或者说只会静静地读。这点，最近我总算开始有切身体会了。经常有种情况是这样的(笑)，某某说："我固定会读你的东西！"我回："你订阅了啊，感谢你。"对方却笑眯眯地说："不是，我会固定看你的脸书！"就像转推展览、活动信息还补一句"这非去不可"的人，大多都不会去。因此，靠点击数或点赞数思考营销布局真的是搞错方向了。

听认识的网络平台编辑说，网络文章的决胜点似乎是"第一页对读者的吸引力"。明明没多长却分成好几页的文章很常见，但大多读者只看第一页就满足了，会点进第二页的人少很多，因此撰稿人会特别注重第一页的文字。

听他这么一说，我确实觉得网络文章从一开头就很像"划重点"的"干货汇总"，或者说所有内容都塞进"起承转合"的"起"了。为了赚取点击量将文章分成很多页，结果导致一个恶性循环，就是读者不愿再细读长文。这等于是本末倒置，或者说，表面上"阅览数"增加了，但读者的满足度并无法反映在数字上。

因此，网络杂志或电子邮件杂志都不该在意点击数，目标只能放在"写出读者会读到最后的文章"。相信自己只要持续跑下去，热心的读者就会默默跟上，尽管数字

不会反映出来。唉，除了相信还能怎样呢。(笑)

穷人的武器

前面提到，我找了各种人在 *ROADSIDERS' weekly* 连载或提供单篇文章，不过那些撰稿人并非全都是专业写手或艺术家。有人的正职是工厂工人，有的是酒馆老板，各种角色都有。以拍照、写博客当兴趣，第一次接约稿的人也许占多数。

比方说，其中一个长期连载《稻草人 X》，内容是全国各地（乡下）的稻草人祭典巡礼，田野调查非常辛苦，而执笔者 ai7n 的本职工作是网页设计师，一面打工维持生计一面画情色怪诞系的漫画，不知不觉间对稻草人有了强烈的兴趣。为了能在乡下到处绕，她考了轻型摩托车驾照，买了本田的 Super Cub，然后靠打工存够旅费就满载行李四处探访稻草人祭典，这样的生活已过了好几年。以大阪为根据地，足迹遍布北海道和鹿儿岛！

连载时间差不多长的《田野之声》以小录音机录下各

种场所的“声音”，搭上照片或短文章组合成城市声音记录,或者说“声音地景”。一边看照片和文章一边品味声音，这正是靠网络平台才能成立的策划。执笔者畠中胜在新宿黄金街经营一家叫“南丁格尔”的古怪酒吧,全身都是刺青。

ai7n 和畠中都只是把稻草人和田野录音当作兴趣，应该没想过要当成工作。但听他们聊那些实在太有趣了，我怀着“唉，顶多帮他们把文章改得好一点”的心情约稿，结果收到的稿子一点问题也没有，每次都直接刊出。

两人都没正式学过文章的写法，也没学过拍照或录音，只是因为很感兴趣才动手。说到底，比起技能的累积，好奇心的强度重要太多了。

由于社交网站或博客、建网站工具的普及，现在谁都不会怕写文章、拍照了。质量先不提，不过基本上，非专业就写不了的文章或拍不了的照片是不存在的。

前面提到我是在底片机时代开始拍照，非学不可的事情非常多，但数码相机一举毁坏了“高门槛”。总之先买台相机，设定 P 档，这样谁都能拍出一定程度的照片。只要购买 Photoshop 之类的软件，轻微的失败也都能修正。设计也一样，以前想当平面设计师得学习各种技能，如今

Illustrator 或 Indesign 全部都会帮我们处理好。唉，全都是 Adobe 这点倒是令人很不甘心。

于是弊害出现了，那就是谁来做东西都会很像，而且并不是靠电脑就能简单做出杰作。不过，入门的门槛变低许多。入门后学问的博大精深，从过去到现在都不曾改变。

技术进步，代表的是学习技术的时间缩短、创作表现的门槛拉低了。从前是靠“跟某某老师修行了几年”决胜，如今不同了，只有感性与行动力是关键。因此，靠经验值而非靠感性活到今天的资深专业人士将会越来越难熬。

有个道理永远都不会改变：科技对一无所有者是力量，对守成者是威胁。过去，专业与业余人士的差异首先在于作品完成度的高低，成品“有高度”或者“稚嫩拙劣”决定你的身份。如今，任何人刚起步的作品都会具备一定程度的质量，胜负只在于接下来要怎么发展、翻转。科技一口气将“稚嫩拙劣”者的起跑线推进了许多。

话说得极端点，绘画也是一样，以前想画油画一定要下功夫习得一定程度的技术，也得花钱购买画材。如今靠智能手机或平板电脑的画图软件就能画出厉害的油画笔触和水彩笔触。

只不过，“能画”跟“画得出东西”是不一样的。起跑后的辛苦跟过往没有差别。就是因为这样，创作表现才会如此有趣吧。要做出别人做不出的东西永远都是困难的，只不过要站到起跑线上比从前容易多了。我认为这是非常重大的一件事。与此同时，越变越困难的不再是站到跟其他人不同的起跑线或精通科技，而是将之舍弃。比方说，数码相机的进步与方便的修图软件出现后，要拍出肮脏感的照片反而变得很难；由于输入法切换进步了，越外行的人越会在文章中使用艰涩的汉字。

尽管在这样的时代，“专业人士还是非得做业余人士做不到的事”。我这个专业编辑、摄影家真的做得到吗？老实说我不知道，也没有自信。我现在能做的不是“业余人士做不到的事”，不过是“业余人士交不出的量”。真的就是这样而已。

代结语：进入无“流行”的时代

我从几年前开始就持续采访日本嘻哈场景，发现凌晨两三点的 live house 不时会挤到水泄不通。不只这股能量，还有一个事实让我吃惊：嘻哈拥护者并非一小撮人，而是有这么多。

不过这种音乐绝对不会进入 Oricon 排行榜，榜上畅销前十名永远由 AKB48、EXILE、杰尼斯组合包办。它也不会在电视音乐节目登场。我从那时深切体会到，音乐界想要我们听、我们买的音乐跟我们想要的音乐之间有决定性的断层。

不只音乐界，我想美术、建筑、时尚界也完全相同。身为媒体骨干分子的编辑中，应该有不少人为这断层感到痛苦吧。

比方说和建筑杂志编辑一起喝酒，对方把“安藤忠雄过气了对吧”挂在嘴边,但他会在自己的杂志上做“再见了,安藤忠雄”特辑吗?绝对不会。根本不会买高级时装的编辑,在杂志上写什么“与优质好物一同生活的喜悦”专题。如果像那样年薪 1 亿日元就算了,大多数编辑部总是给极低的薪水,还得超长时间劳动。换算成时薪的话,有的人去便利店打工还赚得更多。

喜欢好衣服不是什么怪事。假设有人看到无论如何都想拥有的外套,心一横买下来就好。他多半会穿上平常穿的优衣库牛仔裤去搭配外套,或搭上喜欢的 T 恤。思考这种穿搭就是时尚的醍醐味。

然而,现在的时尚杂志几乎都不会登出那种穿搭,每篇报道或每页上的图片拍的保准是从头到脚同一品牌配件的穿搭。我不知道是从什么开始变成这样的。品牌的强力要求与编辑方的自愿设限相辅相成,在很久以前就导致如此状况了。那已不叫穿搭,跟商品目录、店家橱窗没两样了。造型师已不是思考独门穿搭的人,而是负责跟品牌与杂志联系的窗口。那也许是时尚杂志任务终结的瞬间吧。就像百货公司的时装楼层的使命也完结了,它已变得像房地产公司,只会把楼层隔开,租给不同品牌。

现在还有人在意“本季巴黎时装秀潮流”和“今年流行色”吗？只有一小部分的评论家会关心。我们有新衣，有旧衣，有昂贵的衣服，有便宜的衣服。将各种时代感和各种等级的衣服搭配起来（即按照自己的方式混搭）才是现今时尚的基本感觉吧。我穿的可是本季某设计师设计款、价格大约这么高的衣服喔——清楚散发出这种气场的穿搭，任何人都会觉得刺眼。酝酿出“我不太在意什么流行”的气质反而比较帅气。

请各位想想音乐。过去每个时代、每个世代都有流行的乐种，例如朋克、新浪漫（New Romantic）、高科技舞曲（Techno）等等当时“不听就很俗气”的流行乐。

不过现在的音乐场景里没有决定性的风潮，一个也没有。反而是自成一派地尽可能广泛杂食、从噪音到歌谣曲都听的人才是大家心目中的音乐爱好者。

当代艺术也一样。有物派、新表现主义、模拟主义……那你知道现在最风行的“主义”是什么吗？根本没有那样的东西。

定位这时代的是什么呢？应该就是我们已进入“无潮流时代”的事实吧。这应该是当代史上第一次发生的情况。

过去有所谓的信息阶级差异。专业人士可以在巴黎时装秀、纽约的夜店、伦敦的美术馆获得一般人无法入手的情报，他们只要加以推广，“专业”这门生意就做得起来。这都是因为长久存在的时差：东京的制造商要花一年的时间吸收巴黎时装秀的潮流，而扩散到地方还再要一年。

网络改变了一切。音乐人与听众可通过社交网站直接往来，世界的任何一个角落都可以同时分享图片、视频、音频，可以参加场景。不管你人在日本哪个角落，只要按一下按钮，Amazon 的箱子都会寄达。“东京”与“地方”的时差以及“专业人士”与“一般人”之间的时差都不存在了。

在这样的时代，我们已经不需要媒体告诉我的潮流。媒体能够以特权收集信息、传播“流行”的时代已经结束了，既有媒体内的工作者也许最明白这一点吧。

面对关键至极的现状，最想闭起眼睛混过去的就是电视台，嘴上说着环保、至今还在比赛几百万印量的大报社，恶意集合体般的周刊杂志……过去应该最能掌握风潮的媒体，如今却最落伍。真是讽刺的现实。

我已过了将近 40 年的编辑生活，现今是身体方面最辛苦的时期，不过从编辑工作趣味度的角度来看，现今是最刺激的时期。能在将近 60 岁的节骨眼儿勉强赶上这刺激盛宴，实在太开心了。

画：东阳片冈